AF620167

RECUEIL

DES

DEDUCTIONS,

MÉMOIRES,

DECLARATIONS, LETTRES,

TRAITÉS,

ET

AUTRES ACTES ET ÉCRITS PUBLICS,

QUI ONT ÉTÉ RÉDIGÉS ET PUBLIÉS

POUR

LA COUR DE PRUSSE

PAR

LE MINISTRE D'ÉTAT

COMTE DE HERTZBERG,

DANS

LES ANNÉES 1789 ET 1790.

VOLUME III.

1795.

PREFACE.

Le public reçoit ici le troisième & dernier Volume des Mèmoires & Ecrits publics du Ministre d'Etat, Comte de Hertzberg; il est moins étendu que les Volumes précédens, parcequ'il ne contient que les Transactions publiques de l'année 1790. & que le susdit Ministre a fini sa carrière diplomatique dans le cours de l'année 1791. Mais cette partie est d'autant plus intéressante, que l'année 1790. a été féconde en grands événemens, en Négociations très remarquables, & surtout en Traités importans, qui ont eu une influence décisive sur la tranquillité générale de l'Europe, sur le sort des Puissances, & sur l'équilibre du pouvoir vers l'Orient de l'Europe, traités, auxquels la Cour de Prusse a eu la part principale, par son intervention vigoureuse. Le C. de H. n'a point eu d'occasion d'écrire de grandes Déductions & des Manifestes dans le cours de cette année. Elle s'est passée principalement en Négociations, pour lesquelles le dit Ministre a dressé le grand nombre de Lettres royales, de Mémoires, de Notes & de Déclarations, qui se trouvent dans ce

Volume. Les principales pièces qu'il renferme ſont: le *Traité d'Alliance entre la Pruſſe & la Pologne*, & celui entre *la Pruſſe & la Porte Ottomanne*, rédigés & conclus, le premier par le *Marquis de Luccheſini*, & le ſecond par le *Sieur de Dietz;* tous les deux ſous la direction & d'après les inſtructions des deux Miniſtres du Cabinet Pruſſien, les Comtes de Finkenſtein & de Hertzberg, & enfin la *Convention ou le Traité de Reichenbach*, qui a été négocié & conclu par le C. de H. ſeul, ſous la direction immédiate du Roi & pour ainſi dire, à la face, des deux Armées *). Ce traité a fait la baſe du *traité de paix définitif*, qui a été conclu enſuite à *Sziſtowa* entre la cour de Vienne & la Porte Ottomanne ſous la médiation du Roi de Pruſſe & de ſes Alliés, par leurs Miniſtres les Sieurs de Luccheſini, de Keith & de Haeften.

Le Roi Léopold ayant promis dans la Convention de Reichenbach, de ne plus aſſiſter la Ruſſie contre la Porte Ottomanne, & le Roi avec ſes Alliés ayant vivement inſiſté

*) Ces trois Traités, qui ont déjà été imprimés dans les papiers publics, forment le fonds du préſent Récueil. Pour les entendre d'autant mieux & pour faire comprendre leur connexion & leur influence dans les affaires générales, on a tâché de les éclaircir par des notes hiſtoriques.

insisté dans une négociation entamée à Petersbourg par leurs Ministres respectifs, pour effectuer aussi la paix entre la Russie & la Porte-Ottomanne, moyennant le sacrifice du pays d'Oczakow; cette paix définitive, qui a été négociée & conclue ensuite entre la Cour de Russie & la Porte Ottomanne, sans Médiation & intervention étrangère, tire aussi en grande partie son origine primitive du Traité de *Reichenbach* *). C'est par conséquen-

 ce

---

*) Dès que la paix fut assurée entre l'Autriche & la Porte Ottomanne par la Convention de Reichenbach, le Roi & ses Alliés se concertèrent pour porter aussi la Cour de Russie à faire la paix avec la Porte Ottomanne, sur le pied *du status quo avant la guerre*. Ils firent non seulement continuer la négociation pour cet effet à Petersbourg, mais ils prirent aussi des mesures vigoureuses pour l'appuyer. Le Roi assembla une grande Armée en Prusse, & le Ministère Britannique fit armer une grande flotte pour l'envoyer, en cas de besoin, au secours de la Prusse dans la Mer Baltique. La Cour de Russie continua de son côté à soutenir son langage: qu'elle n'étoit pas éloignée de se prêter à une paix modérée avec la Porte Ottomanne, malgré les grands succès, qu'elle avoit eu dans la guerre, mais qu'elle en traiteroit directement avec la Porte-Ottomanne, sans aucune intervention étrangère; cependant elle fit entrevoir par le canal des Cours de Danemarc & d'Espagne, qu'elle feroit sa

cecc Traité, qui a mis fin à la terrible guerre entre les deux Cours Impériales & l'Empire Ottoman, & qui a conſervé & garanti pour l'avenir l'exiſtence de ce dernier Empire en Europe, ſi néceſſaire, pour la conſervation de l'équilibre général du pouvoir & des forces entre les différentes Puiſſances, qui compoſent cette principale partie du globe terreſtre.

Si

ſa paix directe, en ſe contentant de la ceſſion du diſtrict d'Oczakow, entre le Bog & le Dnieſter. Les choſes ſe paſſerent ainſi en pour-parlers & en échange de notes miniſtérielles pendant l'hiver de 1790 — 1791. & elles en étoient là au commencement de Mars 1791. où le Miniſtère Britannique annonça au Parlement l'envoi d'une flotte dans la Baltique. Comme la partie commerçante de la nation angloiſe s'y oppoſa très fortement, de crainte de perdre ſon négoce avantageux avec la Ruſſie, cela opéra un ſi grand changement, que les Alliés réſolurent de laiſſer tomber les meſures guerrières, & d'y ſubſtituer la négociation ſur le plan avancé par la Cour de Ruſſie même. Le Miniſtère Brit. envoya le Sr. Fawkener par Berlin à Petersbourg, où les Miniſtres des trois Puiſſances alliées convinrent avec ceux de Ruſſie, après une courte Négociation, des points préliminaires, ſelon lesquels la Cour de Ruſſie devoit garder le pays. d'Oczakow depuis le Bog juſqu'au Dnieſter, en ſe réſervant cependant de traiter directement avec la Porte Ottomanne ſur ſa paix définitive, ce qu'elle a fait depuis ſans médiation étrangère.

Si d'après ce Volume d'Ecrits publics, rapproché des deux précédens & ſurtout du ſecond, l'on examine avec attention & impartialité toute la ſuite des négociations & des évènemens du règne de S. M. le Roi règnant, Frédéric Guillaume II., depuis ſon commencement en 1786: on doit ſe convaincre, que tout ſon règne, juſqu'à la Convention de Reichenbach, eſt l'exécution ſuivie & ſoutenue d'un plan grand & élevé, mais non moins juſte, que le Cabinet Pruſſien a formé dès l'avènement de ce Monarque au thrône *), de pourſuivre & de ſoutenir le grand rôle que Frédéric II. avoit joué pendant ſa vie & le caractère qu'il avoit imprimé à la Monarchie Pruſſienne, en la faiſant marcher malgré ſa médiocrité territoriale, de pair avec les autres quatre grandes Puiſſances de l'Europe, trois & même quatre fois ſupérieures en territoire et en population, ſavoir l'Autriche, la Ruſſie, la France & l'Angleterre **), & de la rendre même

*) Qu'on voye ici encore les pages 56. 57. 58. de ce même Recueil, où l'on trouvera une esquiſſe de ce plan.

**) On n'a qu'à repaſſer en gros l'hiſtoire de Frédéric II, pour ſe convaincre, que ce grand Prince a entrepris & exécute ſeul & ſans Alliés la conquête de la Silêſie contre la puiſſante Maiſon d'Autriche; que s'étant allié en 1741. avec la France, il a créé un nouveau ſyſtème avec cette

l'arbitre de l'équilibre de *l'Europe* dans les différentes parties, tant du côté du Sud, que du coté

---

te couronne & l'a ſoutenu avec elle, contre l'Autriche, l'Angleterre, la Hollande & même la Ruſſie, juſqu'en 1755. où les circonſtances l'engagèrent, à adopter un nouveau ſyſtème avec l'Angleterre, qu'il a ſoutenu avec cette puiſſance depuis l'année 1756, juſqu'à celle de 1763. pendant le cours de la guerre de ſept ans contre les forces réunies de l'Autriche, de l'Empire, de la France, de la Ruſſie, & de la Suède; qu'après la paix de Hubertsbourg conclue en 1763. & ſe voyant abandonné par l'Angleterre, il a contracté un autre ſiſtème fédératif avec la Cour de Ruſſie, lequel a duré juſqu'à ſa mort en 1786, quoique ce ſyſtème ait été relâché dans les dernières années de ſa vie par les liaiſons acceſſoires, que l'impératrice de Ruſſie contracta avec l'Empereur Joſeph II, ce qui obligea Frédéric II. à ſoutenir ſeul la garantie de la conſtitution germanique & la balance contre l'Autriche dans l'affaire de Bavière, & l'engagea à tâcher de ſuppléer au manque de la France, de la Suède & de la Ruſſie, en contractant en 1785. la célèbre *Union Germanique*, avec les principaux membres de l'Empire. On obſervera en parcourant cette longue époque du règne de Frédéric II. depuis 1740 juſqu'à 1786, qu'il a pris part à toutes les grandes affaires de l'Europe, qu'il y a même joué le premier rôle, & ce qu'il y a de plus ſingulier, c'eſt que ſes alliés ont été toujours heureux avec lui, & malheureux ſans lui, témoin ce qui s'eſt paſſé à l'égard de

coté du Nord & de l'Orient *), & de procurer aussi à la Monarchie Prussienne, dans

 des

de la France & de l'Angleterre, dans les deux époques depuis 1741. jusqu'à 1755. & depuis 1756. jusqu'à 1763. comme si le génie, l'exemple & même l'étoile de Frédéric II. avoient aussi influé sur le sort de ses Alliés, plus puissans que lui même.

*) On pourroit dire, que celui qui a formé ce vaste plan pour une Monarchie aussi médiocre que la Monarcie Prussienne, lui a fait prendre un vol trop haut & trop hardi, pour qu'elle puisse le soutenir; mais on peut prouver avec évidence: 1o) que les Monarques Prussiens sont obligés de prendre ce grand rôle, parceque les deux Couronnes de France & de Suède, qui par la garantie de la paix de Westphalie sont les garans fédératifs de la Constitution du grand Empire d'Allemagne, duquel dépend en tout tems l'équilibre & le sort de l'Europe, ont négligé & ne sont plus même à portée ni en état de soutenir cette garantie de l'équilibre qui y tient, & 2°) que la Monarchie Prussienne, après les changements arrivés depuis la paix de Westphalie dans sa propre puissance, & dans celle des Royaumes de France & de Suède, y est plus propre que ces deux Puissances, & que par ses intérêts, par sa position geographique, par ses forces intérieures, & par ses rélations extérieures & naturelles avec toutes les autres Puissances de l'Europe, elle est principalement appellée & qualifiée à soutenir la garantie de la constitution de tout l'Empire, & l'équilibre de toute

des occasions favorables, non des aggrandissements superflus, mais des arrondissemens

---

te l'Europe avec le concours de ses Alliées naturels, que l'identité des intérêts ne manquera jamais de lui faire trouver. 3°) La Prusse est une Puissance trop médiocre, pour qu'elle *puisse vouloir être ambitieuse & injuste*, & s'aggrandir injustement, ce dont elle seroit d'ailleurs toujours empêchée par *des voisins préponderans;* mais elle est *assés puissante*, pour qu'elle puisse empêcher les desseins injustes & dangereux au bien général de *tel ou autre voisin trop ambitieux & prépondérant*, & dans des cas pareils, elle peut être sûre de la confiance, du suffrage & même de l'assistance des autres Etats & Puissances, qui sont avec elle dans les mêmes intérêts, surtout si les Souverains de la Prusse tiennent une conduite aussi loyale, politique, vigoureuse & généreuse, qu'on l'a fait dans les affaires de Bavière, de Hollande, de Pologne & de Turquie: par la poursuite constante de ce systême ils auront toujours un nombre suffisant *d'Alliés naturels* & feront toujours *les Chefs naturels & perpétuels de toute ligue Germanique ou Européenne,* contre tout Monarque trop entreprenant & ambitieux. Ils joueront ainsi constament ce rôle beau & sûr avec des Etats *mineurs,* mais ils le perdront bientot avec des puissances *majeures.* 4°) Comme le vaste Empire *d'Allemagne*, situé au centre de l'Europe & habité par la nation la plus nombreuse & la plus belliqueuse, est la Puissance la plus propre par ces qualités, par son systême & par sa situation, à soutenir l'équilibre de l'Europe & à tenir toutes

mens médiocres, utiles & néceſſaires, pour corriger les grands défauts de ſa poſition géographique, par des équivalens & d'autres moyens légitimes & non préjudiciables & dangereux, mais plutôt convenables & avantageux aux voiſins*).

---

tes les nations voiſines dans les bornes de la modération, auſſi long tems, qu'il n'eſt pas ſubjugué lui-même par un de ſes *membres prépondérans & ambitieux*, (*v. Diſſert. acad. du C. de H.* de 1791. p. 9.) ainſi la *Monarchie Pruſſienne*, ſituée dans la partie ſeptentrionale de l'Allemagne, appuyée ſur la mer du Nord & ſur la Baltique, voiſine de pluſieurs états *non conquerans* par leur nature & intéreſſés plutôt maintien de l'équilibre, par conſéquent alliés naturels de la Pruſſe, tels que tous les états de l'Empire, l'Angleterre, la Pologne, la Suède & le Danemarc, & ayant outre ſes propres forces nationales & bien ménagées, la poſſeſſion longue & directe des grandes rivières de la Viſtule, de l'Oder, de l'Elbe, du Weſer & du Rhin, combinées en grande partie par de moindres rivières tranſverſales, lesquelles rivières lui donnent une facilité ſupérieure à celle de tous ſes voiſins pour la *guerre*, ſoit *défenſive* ſoit *offenſive;* cette médiocre *Monarchie Pruſſienne*, dis-je, eſt plus propre que toute autre Puiſſance de l'Europe elle eſt même principalement appellée par ſa ſusdite *poſition géographique*, & par ſes interéts à maintenir l'équilibre de l'Allemagne & par ſes conſéquences celui de l'Europe *contra quoscunque.*

*) On verra dans la ſuite de cette préface & même dans ce Recueil p. 97. 98: que le Miniſtère Pruſ-

Quiconque voudra ſe donner la peine, de repaſſer avec attention & de ſe repréſenter dans un tableau général toute la ſuite des principaux évènemens qui ſont arrivés en Europe, depuis l'année 1787. jusqu'à la fin de 1790 & de parcourir le Récueil des Ecrits publics renfermés dans ce Volume, pourra ſe procurer la conviction, que le ſusdit grand plan a été réellement exécuté depuis 1786. jusqu'à la Convention de Reichenbach en 1790., dans ſes principales parties, ſurtout à l'égard des Puiſſances voiſines & du établiſſement& de la conſervation de l'equilibre général & particulier, au plus grand honneur du Roi & de ſa Monarchie, quoique les circonſtances n'ayent pas permis, d'en tirer quelque avantage particulier, pour celle-ci, & que Sa Majeſté ait fait tous ces grands efforts d'une manière auſſi généreuſe & gratuite, dans les affaires de Hollande, de Pologne & de Turquie, même dans celle de Liège, que le Roi Frédéric II. l'a fait dans celle de Bavière.

C'eſt ainſi que *l'équilibre du pouvoir*, qui avoit été fortement ébranlé dans le *Sud de l'Europe*

Pruſſien avoit à cet égard avant, & dans les Conférences de Reichenbach, des vues auſſi juſtes que modeſtes, qui ne roulèrent que ſur l'acquiſition des villes de Dantzig & de Thorn, contre des équivalens plus que ſuffiſants.

l'Europe, par la trop grande influence de la Cour de France en Hollande & par l'anéantiſſement du Stadhouderat, a été rétabli par *la Révolution*, que le Roi effectua en Hollande, en y envoyant en 1787. un médiocre corps d'arméeſous les ordres du Duc règnant de Brunswic, qui détruiſit le *prétendu Patriotisme*, *rétablit le Stadhouderat* du Prince d'Orange, fit ceſſer les troubles de ce pays, & jetta les fondements d'un *nouveau ſyſtème fédératif* entre la Pruſſe & les deux Puiſſances maritimes, dont le principal but & effet a été le maintien de l'équilibre dans toutes les Parties de l'Europe *)

Le

*) Il eſt notoire que la Cour de France ayant gagné une influence prépondérante en Hollande par ſon alliance avec cette République, elle ſoutint les prétendus Patriotes de ce pays, qui travailloient, ſinon à anéantir, dumoins à dégrader beaucoup le Stadhouderat de la Maiſon d'Orange. Il en réſulta cette terrible lutte des deux partis en Hollande, qui pouvoit à tout moment y cauſer une guerre civile, & la cour de France en tira l'avantage de pouvoir inquiêter la Pruſſe & toute l'Allemagne du côté de la Hollande, de ſéparer l'Angleterre du continent, de gagner moyennant l'aſſiſtance des Hollandois une ſupériorité décidée ſur elle, tant en Europe, que dans les deux Indes, par laquelle la France, alliée en même tems avec l'Autriche, l'Eſpagne & la Hollande eut une influence prépondé-

Le Roi a été tout auſſi heureux à rétablir l'équilibre du pouvoir dans le *Nord de l'Europe*

---

ponderante preſque dans toute l'Europe, ſurtout dans le Sud. Les deux Rois de Pruſſe, Frédéric II. & Frédéric Guillaume, ſe donnèrent beaucoup de peine, depuis l'origine des troubles de la Hollande, pour les appaiſer, & pour moyenner un accommodement entre les deux partis, même ſous les auſpices de la France, pour lui conſerver auſſi ſon Alliance avec la République; mais ces offres généreuſes ayant été peu accueillies ou plutôt éludées, le parti patriotique ou françois ayant porté même ſon animoſité juſqu'à faire arrêter Madame la Princeſſe d'Orange, ſœur du Roi, dans un voyage, qu'elle voulut faire à la Haye dans des vues pacifiques. Sa Majeſté ſe crut obligée, de demander ſatisfaction aux Hollandois de cet affront, & ne l'ayant pas obtenue, elle fit marcher au mois de Septembre 1787. un corps de 20000 hommes ſous les ordres du Duc règnant de Brunswic en Hollande, lequel y fit des progrès ſi rapides, que le prétendu parti patriotique fut abaiſſé, & le Prince d'Orange fut rétabli dans les prérogatives du Stadhouderat; le parti porté pour l'Angleterre regagna auſſi le deſſus. Les ſuites immediates de cette grand Révolution furent, que les Cours de Berlin & de Londres purent faire en 1788. tant entre elles, qu'avec la Republique d'Hollande une alliance défenſive, d'où il eſt réſulté entre ces trois Puiſſances un grand *ſyſtème fédératif*, qui a eu pour but, non ſeulement leur défenſe mutuelle, mais auſſi le maintien de l'equilibre du pouvoir dans toutes les parties de l'Euro-

l'Europe, d'un coté en aidant la *nation Polonoiſe* par ſes déclarations & démarches vigoureu-

---

l'Europe, dont l'effet heureux & éclatant s'eſt déjà manifeſté par le ſuccés de leur intervention efficace dans les troubles de l'Orient & du Nord, qui ont été finis par le Traité de Reichenbach & par ſes ſuites. (On peut ſe convaincre de la vérité de ce précis de la Révolution Hollandoiſe & de ſes ſuites, par les pièces authentiques & eſſentielles qui ſe trouvent dans le ſecond Volume de ces Ecrits.) Il eſt vrai que l'Angleterre a diré le principal avantage de ce coup hardi du Roi de Pruſſe & de la Révolution de la Hollande, parcequ'elle a ôté à la France ſa rivale la préponderance en Europe & dans l'Inde, elle l'a même donnée à l'Angleterre dans cet hémiſphère oriental, (v. la Diſſert. acad. du C. de H. de 1790.) & lui a rendu la connexion avec la Hollande, l'Allemagne & la Pruſſe, & tout le continent de l'Europe que l'Angleterre avoit preſque entièrement perdue pendant la préponderance des François en Hollande, de ſorte que de Puiſſance purement *maritime*, qu'elle étoit pendant ce tems, elle eſt redevenue ***continentale*** comme autrefois. La Pruſſe a retiré de cette entrepriſe & Révolution heureuſe, pour principal fruit, ***ce grand accroiſſement de conſidération en Europe***, qui doit lui aſſurer pour toujours la confiance, & même l'alliance des principales puiſſances. Elle s'eſt aſſurée en même tems par ce moyen l'alliance reſpectable des deux Puiſſances maritimes, qui doit lui garantir en toute occaſion le dos & le flanc, ſurtout par

les

goureufes à effectuer fa *première* Révolution & à affurer fon indépendance *), & en rendant au Roi de Suède le même fervice, en lui procurant par les mêmes moyens *la neutralité du Danemarc*, & en lui affurant également fon *indépendance* du coté de la Ruffie **). Il

les forces maritimes des fusdites deux Puiffances; elle l'a même mis en état de pouvoir prendre et foutenir ce *rôle impofant*, qu'elle a joué dans les troubles du Nord & de l'Orient. Il auroit été à fouhaiter, que l'Angleterre eut étendu cette gratitude, jufqu'à aider la Pruffe à faire l'acquifition innocente de Dantzig, & à ne pas s'attacher à des vues commerciales, ce qui a fait perdre à la Pruffe le fruit réel de fes deux interventions honorifiques mais couteufes. La Pruffe devoit cependant dans la règle d'une faine politique préférer l'alliance de l'Angleterre & de la Hollande, comme deux Puiffances non conquérantes & plus égales à elle, à celle de la France, Puiffance déjà alliée avec l'Autriche, (d'oû il féroit réfulté une collifion d'intérêts) & d'ailleurs préponderante à la Pruffe, qui comme Puiffance médiocre, jouera toujours un rôle plus élevé, plus fur & même le premier fur le continent avec des Puiffances égales ou inférieures en force, plutôt qu'avec des Puiffances prépondérantes.

*) On peut s'en faire une idée claire & convaincante par les pages 476—494. du fecond Volume de ce Recueil, ainfi que par les p. 1—20. de ce troifième Volume.

**) Il eft notoire, que le Roi de Suède, ayant commencé une guerre contre la Ruffie, en faveur de

Il eſt généralement notoire & certain, que le Roi par ſon intervention efficace & vigou-

---

de la Porte Ottomanne, la Cour de Danemarc, comme alliée de la Ruſſie voulut lui faire une diverſion par un corps d'armée, que le Prince Royal de Danemarc & le Prince Charles de Heſſe menèrent de la Norvegue vers Gothenbourg en Suède; de ſorte, que ſi la guerre entre le Danemarc & la Suède avoit eu lieu, le Roi de Suède auroit été mis entre deux feux par la Ruſſie & la Danemarc, & auroit été peut-être forcé à ſubir les loix que l'Impératrice de Ruſſie auroit voulu lui dicter, & que cette Souveraine auroit été l'arbitre des deux grandes Puiſſances du Nord; mais le Roi de Pruſſe prévint de concert avec l'Angleterre la rupture entre la Suède & le Danemarc en interpoſant ſes bons offices auprès de la Cour de Copenhague, & ſon Miniſtre en Suede le Compte de Bork, négocia avec le Miniſtre Anglois le Sr. Elliot un *traité de neutralité* entre la Suède & la Danemarc, au mois d'Octobre 1787. au moyen duquel le Roi de Suède, eut le dos libre du côté du Danemarc, & fut mis en état de continuer la guerre contre la Ruſſie, de lui faire une diverſion puiſſante en faveur de la Porte Ottomanne, d'affermir ſa nouvelle *révolution* en Suède, & de ſoutenir ſon rôle glorieux juſqu'à la *paix de Wärela*. On ſentira bien, que pendant ces troubles du Nord, le Roi de Pruſſe a eu des négociations intéreſſantes, & ſurtout une vigoureuſe dans la guerre, qui s'eſt élevée en 1788. entre l'Empire Ottomann & les deux Cours de Petersbourg & de Vienne, a ſauvé les *Turcs*, qui abandonnés de leurs anciens alliés les François, & ne ſachant pas faire la guerre eux-mêmes, auroient été indubitablemeut accablés & écraſés par les forces ſupérieures de ces deux Cours & peut-être expulſés de l'Europe; que par ſes declarations énergiques & réiterées, & ſurtout par la marche, que le Roi fit avec ſa grande armée en 1790. en Siléſie vers les frontières Autrichiennes, il a produit la *Convention de Reichenbach*, & enſuite le Traité de paix définitif de *Sziſtowa;* que par ces moyens il a aſſuré pour long tems l'exiſtence de l'Empire Ottoman en Europe, & que de cette manière il a rétabli & garanti *vers l'Orient, ou dans la partie orientale de l'Europe cet équilibre du pouvoir*, ſi néceſſaire pour la ſureté des autres Puiſſances voiſines, & qui auroit été fortement ébranlé, & même détruit,

---

une Correſpondance fort remarquable avec le Roi de Suède, dont la publication ne feroit pas indifférente pour l'honneur du Miniſtère du C. de H. mais on n'en a pas fait un uſage public dans ce Recueil, parcequ'il n'eſt forti aucun Traité formel de cette Négociation.

truit, ſi les deux Cours Impériales avoient réuſſi à détruire & à partager entre elles, ou ſeulement à démembrer l'Empire Ottoman en Europe, & à s'en aſſurer la conquête pour un autre tems.

Tout homme éclairé & impartial doit ſentir & reconnoitre, que le Roi a joué dans ces trois grandes époques, de la Révolution de la Hollande, des troubles du Nord, & ſurtout de la dernière guerre des Turcs, le principal rôle *d'arbitre de l'équilibre du Sud,* du *Nord* & de *l'Orient,* & que ce rôle a été d'autant plus brillant, que Sa Majeſté en le ſoutenant, s'eſt expoſée à des guerres très dangereuſes avec les trois plus grandes Puiſſances de l'Europe; qu'elle n'a pu le faire ſans des dépenſes énormes par ſes grands armemens & par la marche & le tranſport de ſes armées en Hollande, en Siléſie & en Pruſſe; qu'elle n'en a pourtant demandé aucun dédommagement nulle part; qu'elle n'a pas même profité des circonſtances & de la ſituation des affaires générales, pour ſe procurer loyalement quelque avantage modique & néceſſaire pour ſa propre

 ſureté

fureté *), ni même pour réalifer une médiocre convenance, que le C. de H. lui avoit affurée éventuellement dans la Convention de Reichenbach, dans la vue innocente d'arrondir un peu la Siléfie Pruffienne, & de lui faire reftituer les enclavures incommodes, que la cour de Vienne y poffède, du côté de Braunau & de Hotzenplotz **).

Tout lecteur & obfervateur éclairé & impartial, qui voudra lire avec une attention

---

*) c. à d. que le Roi pouvoit fe procurer d'une manière jufte & volontaire, par une forte de troc, l'acquifition des villes de Dantzig & de Thorn, comme on peut le voir par la Négociation qui fe trouve détaillée dans les pages 97 — 107. de ce troifième Volume.

**) On n'a qu'à voir le I. Article de la Convention de Reichenbach p. 118. de ce Recueil, & la note qui s'y trouve, pour fe convaincre, que la Cour de Vienne ayant obtenu par le Traité de paix de Szistowa la ceffion non infignifiante du Bourg de vieux Orfowa & d'un diftrict de la Croatie, important pour elle, au delà du véritable *ftatus quo*, elle auroit du en donner un équivalent proportionné au Roi; mais Sa Majefté n'y a pas infifté, pour achever de montrer fon caractère grand & défintéreffé.

tion ſuivie les trois Volumes de ce Recueil, ne pourra pas disconvenir, que les deux Rois de Pruſſe, Frédéric II. & Frédéric Guillaume II. n'ayent joué depuis les Traités de Hubertsbourg & de Teſchen, le rôle le plus grand, le plus noble & le plus glorieux de *pacificateurs & d'arbitres de l'équilibre du pouvoir dans les différentes parties de l'Europe*, en ſe mettant à la brêche dans toutes les occaſions dangereuſes pour cet équilibre, & en délivrant comme ils l'ont fait, à leurs riſques & avec des fraix immenſes *) gratuitement & uniquement par leurs propres forces, *la Bavière, la Hollande, la Suède, la Pologne, & l'Em-*

*) On peut calculer en gros, que la guerre de Bavière & de Hollande, ainſi que les armemens que le Roi régnant a fait pour garantir la Pologne & l'Empire Ottoman, ont couté à la Monarchie Pruſſienne la ſomme de 40 millions d'écus dont la perte partielle a été réparée par le feu Roi dans une couple d'années, ce qui prouve en même tems la néceſſité, l'utilité & la force du fameux Tréſor Pruſſien, ainſi que les reſſources internes de cette Monarchie, qui par ſes propres forces & ſans ſubſides étrangers, a joué ce rôle grand & couteux depuis la paix de Hubertsbourg.

l'Empire Ottoman, de la ſituation critique & des dangers éminens, dans lesquel ils ſe ſont trouvés. Il n'y a point d'exemple dans toute l'hiſtoire connue que les Souverains d'une Puiſſance médiocre ſe ſoient ainſi dévoués pour le ſalut de leurs voiſins, & même de toute l'Europe & qu'ils l'ayent exécuté d'une manière auſſi hardi & généreuſe *) Ce ſyſtème d'une politique lumineuſe, forte & déſintéreſſée, a concilié aux Monarques de la Pruſſe & continuera à leurs concilier, auſſi long tems qu'il ſera ſuivi, la confiance & même l'alliance de tous les Etats de l'Empire

*) Les deux Couronnes de Suède & de France ont sauvé l'Empire Germanique dans la guerre de trente ans & par la paix de Weſtphalie, de l'aſſujettiſſement dont le menaçoit la maiſon d'Autriche, mais elles s'en ſont fait payer les fraix très chèrement par la ceſſion de la Poméranie, de Brême, de Verde & de l'Alſace. Il n'y a eu que *Henri IV.* & *l'Abbé de St. Pierre*, qui ont voulu empêcher la *Monarchie univerſelle de la Maiſon d'Autriche* par une *coalition*, ou un *ſyſtème fédératif* de toute l'Europe, mais ils en ſont reſtés à la ſpéculation & ont été fort loin de ce qui a été exécuté par Fréderic II. & par Frédéric Guillaume II.

pire & de toutes les Puiſſances de l'Europe, égales ou mineures, même ſans alliance expreſſe & formelle; il conſervera la Pruſſe dans le rang & la claſſe des premières Puiſſances de l'Europe, il inſpiera toujours à la nation Pruſſienne cette noble confiance & cette vigueur, dont elle a été animée juſqu'ici; il ajoutera ainſi beaucoup à la force intrinsèque de la Monarchie Pruſſienne.

Quiconque voudra ſe donner la peine de lire les trois Volumes de ce *Recueil des Ecrits publics du Comte de Herzberg*, trouvera ſans peine, que lui, & ſon digne & illuſtre Collègue, le *Comte de Finkenſtein*, comme Miniſtres d'Etat & Chefs du Cabinet Pruſſien ou du Département des affaires étrangères, toujours unis pour les principes eſſentiels de la Politique de leur Cour, ont travaillé ſur ce *grand plan de Frédéric II.* avec autant de ſuccès que d'arteur, ſous les deux règnes & pendant la brillante époque de la Monarchie Pruſſienne, depuis le commencement de la guerre de ſept ans.

Le Comte de Hertzberg, qui commença ſa carrière diplomatique à la diète de l'élection de l'Empereur François I. en 1745. & la continua comme Conſeiller privé, attaché au Département des affaires étrangères, avec la garde particulière du depot des Archives ſecretes, & depuis l'année 1756. comme Sous-Sécrétaire d'Etat dans le même Département, eut le bonheur de négocier, & de conclure ſeul, ſous la dictée de Frédéric II. en 1763., le celèbre Traité de paix de *Hubertsbourg*; après quoi le Roi le nomme d'abord à la place de ſécond Miniſtre d'Etat & de Cabinet, vacante par la mort du Comte de Podewils. C'eſt dans cette qualité, qu'il a préſidé avec Mr. le Comte de Finkenſtein au Département des affaires étrangères depuis le mois de Mars 1763 juſqu'au mois de Mai 1791. Dans cette longue carrière de 47 ans il a rédigé non ſeulement ce grand nombre de Déductions, de Déclarations, de Manifeſtes & d'autres Ecrits publics & importans, qui ſe trouvent imprimés dans les trois Volumes de ce Recueil; mais auſſi un nombre immenſe d'autres écrits pareils,

reils, qui ne ſont pas devenus publics, & ſurtout des Dépêches, des Avis & des Rapports ſans nombre. Il a eu l'occaſion & le bonheur de négocier, de conclure, & de ſigner ſeul les Traités de paix importans de *Hubertsbourg & de Reichenbach*, en 1763. & en 1790., & de coopérer aux deux *Traités de paix*, qui furent conclus en 1762. entre *la Pruſſe, la Ruſſie & la Suède*, au *Traité de partage de la Pologne*, & à la celui de la *ceſſion de la Pruſſe occidentale, conclu en* 1773., au Traité de *paix* conclu à *Teſchen* en 1779. & à la célèbre *Union Germanique*, conclue en 1785., de ſorte qu'il a eu une part ſoit principale, ſoit excluſive, à *huit Traités de paix ſolemnels & publics*, outre le nombre encore beaucoup plus grand des Traités moindres & non publics, ſurtout d'alliances & autres Actes & Tranſactions importantes, qui ont eu lieu pendant ſon Miniſtère. Son dernier Traité fut celui de Reichenbach, ſigné par lui le 27. de Juillet 1790. lequel fut glorieux & ſatisfaiſant pour le Roi, mais par des circonſtances malheureuſes & imprévues, ne put pas remplir les idées peut-être trop vaſtes,

 mais

mais du moins patriotiques du Miniſtre, & poſſibles ſelon lui *) Il a continué à travailler dans le Département des affaires étrangères avec ſon zèle ordinaire & naturel, ſignalé même par des travaux importans & pénibles, depuis la ſignature du ſusdit Traité jusqu'au mois de Juillet 1791. C'eſt alors que des circonſtances impérieuſes, qui ne ſont pas de la compétence du public, obligèrent le Comte de Hertzberg, de demander au Roi ſon congé abſolu & la retraite entière du ſervice, même avec la réſignation de ſes apointemens, qu'il déclara ne vouloir pas garder, ni comme tels, ni comme penſion. „Sa Majeſté ne voulut lui ac-
„corder

*) On peut en trouver quelques détails p. 95. — 107. de ce preſent Recueil. Le Roi (par une lettre écrite de ſa main, qui ſe trouve aux actes) témoigna au C. de H. ſa ſatisfaction de la déclaration importante du 27. de Juillet, qui conſtitue proprement l'eſſentiel du Traité de Reichenbach, & que le Miniſtre fut obligé de faire dans une heure de tems, ſelon les ordres précis de S. M. Le lendemain de la ſignature S. M. félicita le C. de H. du ſuccès, d'une négociation, dont ce Miniſtre n'étoit cependant que mediocrement ſatisfait & qu'il avoit cru pouvoir rendre plus avantageuſe.

„corder que la dispense des affaires étrangè-„res, pour le soulager, (est-il dit dans une „lettre royale du 5. de Juillet) du travail „trop fatiguant dont il s'étoit chargé; l'in-„tention de S.M. étant d'ailleurs de lui con-„server ses charges & emplois, ainsi que „ses appointemens par une suite de la par-„faite amitié & estime qu'il avoit pour lui, & „de la justice qu'il rendoit à son zèle & à son „patriotisme; que S. M. verroit aussi avec „plaisir, s'il vouloit continuer la Curatèle de „l'Académie, ainsi que la Direction de la cul-„ture de la soye du pays, & exécuter son „dessein, d'écrire l'histoire de Frédéric II.“

Ainsi finit la carrière diplomatique d'un Ministre, qui sans autre fortune que celle de sa naissance & de son caractère personnel, s'est poussé dans le Cabinet Prussien jusqu'à un poste, qui devoit le mener au premier, & qui dans le second a servi l'Etat & la Patrie, pendant près d'un demi siècle & sous deux règnes fort orageux, avec un zèle actif, un patriotisme désintéressé & un succès, dont peu d'hommes peuvent se glorifier. Jugé par Fréderic II. digne de son amitié familière & d'être d'être le témoin des derniers momens de ſa vie & du changement du règne, il croit avoir juſtifié ce choix par ſa conduite politique & civile ſous le nouveau règne, juſqu'à la fin de ſon Miniſtère & il ſe flatte qu'en en ſortant, il emporte le ſuffrage & la confiance de ſa nation. Il ſe propoſe de la ſervir encore, ainſi que la poſtérité, par les efforts qu'il continuera de faire, autant qu'il en ſera le maitre, dans un âge, à la vérité, avancé, mais nullement décrépit, ni foible, pour rendre *l'Académie des Sciences* encore plus utile à la patrie, & même à toute la nation germanique, pour procurer aux Etats Pruſſiens une *troiſieme branche d'induſtrie nationale* par la culture de la *ſoie*, déja peu inférieure à celle d'Italie, & ſurtout par une véritable *hiſtoire pragmatique de Frédéric II.*, de ce grand Prince, qui peut ſervir par ſes vertus, & même par ſes défauts, du meilleur modèle pour les Souverains & les hommes qui aſpirent à l'éternité.

Traité

Traité d'alliance entre la Prusse et la Pologne conclu à Varsovie, le 29. Mars 1790.

FRIDERICUS GUILIELMUS Dei Gratia, Rex Borussiae, Margravius Brandenburgensis, Sacri Romani Imperii Archi Camerarius et Princeps Elector, Supremus Silesiae Dux, etc. etc.

Notum testatumque facimus praesentibus. Cum nobis ex re nostra et publica vicinitatis visum sit, nova amicitiae et foederum vincula cum Serenissimo et Augustissimo Poloniae Rege et cum Serenissima Poloniae Republica contrahere, pro augenda securitate et prosperitate communi utriusque Status, Ablegatus Noster Extraordinarius et Minister Plenipotentiarius in Aula Polonica constitutus, Camerarius Noster, Marchio Hieronymus de Lucchesini mandato Nostro munitus, cum Plenipotentiariis Serenissimi Regis et Reipublicae Poloniae, die XXIX mensis Martii anni currentis, Tractatum amicitiae et mutuae defensionis, idiomate gallico confecit et subscripsit, tenore verborum sequenti.

Au nom de la très sainte et indivisible Trinité.

Soit notoire à tous ceux à qui il appartient. La Maison Royale de Prusse et Electorale de Brandebourg ayant entretenu avec les Sérénissimes Rois et la République de Pologne, depuis les tems les plus éloignés, les liaisons les plus étroites d'amitié et d'alliance, et Sa Majesté le Roi de Prusse ayant nouvellement donné à la Sérénissime République de Pologne des marques réelles de son amitié, il en est résulté un désir mutuel et réciproque, de renouveller et de resserrer ces anciennes liaisons par un traité d'alliance défensif, pour le bien des deux parties, et pour le maintien de la tranquillité commune et particulière des deux Etats.

Pour remplir un but aussi salutaire, Sa Majesté le Roi de Prusse a nommé et autorisé, Son Chambellan, Envoyé Extraordinaire et Ministre Plénipotentiaire auprès de Sa Majesté le Roi et la République de Pologne, le Sieur Jérome Marquis de Lucchesini, et Sa Majesté le Roi et les Etats de la Sérénissime République de Pologne, assemblés en Diète ordinaire et conféderée, ont nommé et autorisé, Jacinthe Malachowski, Grand-Chancelier de la Couronne, Alexandre Prince Sapieha, Grand-Chancelier de Lithuanie, Mathias Garnysz Evêque de Helm, Vice-Chancelier de la Couronne, Joachim Chreptowicz, Vice-Chancelier de Lithuanie, Joseph Rybinski, Evêque de

Cujavie et de Poméranie, Ignace Potoki, Maréchal de la Cour de Lithuanie, Stanislaus Malachowski, Référendaire de la Couronne et Maréchal de la Diète et de la Confédération de la Couronne, Casimir Prince Sapieha, Grand-Maître de l'Artillerie et Maréchal de la Confédération de Lithuanie, et Antoine Dzceduszyeski, Grand-Notaire de Lithuanie, lesquels Plénipotentiaires, après s'être communiqués leurs pleinspouvoirs en bonne et dûe forme, et après avoir conféré entre eux, sont convenus des Articles suivants:

Article I.

Il y aura une amitié et union sincère et constante entre Sa Majesté le Roi de Prusse, ses Héritiers et Successeurs, et Sa Majesté le Roi de Pologne et ses Successeurs, ainsi que la Sérénissime République de Pologne, de sorte que les Hautes Parties contractantes apporteront la plus grande attention, à maintenir entre Elles et Leurs Etats et sujets la plus parfaite amitié et correspondance réciproque, et s'engagent à contribuer autant qu'il sera en leur pouvoir à se defendre et à se conserver mutuellement en paix et en tranquillité.

Article II.

En conséquence de l'engagement contracté par l'article précédent, les deux Hautes Parties contractantes, feront tout leur possible, pour se garantir et ſe conſerver réciproquement la poſſeſſion tranquille des Etats, Provinces et Villes et de tout le territoire, qu'Elles poſſédent dans le tems de la concluſion du préſent Traité d'alliance. Cette garantie des poſſeſſions actuelles, n'empêchera cependant pas l'arrangement amiable de quelques controverſes, qui ont exiſté avant la concluſion de ce traité, rélativement à des limites particulières, et qui n'ont pas encore été applanies.

Article III.

Si le cas arrivoit, que l'une des Hautes Parties contractantes ſeroit menacée d'une attaque hoſtile, par qui que ce ſoit, l'autre emploiroit ſans délai, ſes bons offices les plus efficaces, pour prévenir les hoſtilités, pour procurer ſatisfaction à la partie leſée, et pour ramener les choſes dans la voye de la conciliation; mais ſi ces bons offices n'avoient pas l'effet deſiré, dans l'eſpace de deux mois, et que l'une des deux Hautes Parties contractantes fût en attendant hoſtilement attaquée moleſtée ou inquiétée dans quelques uns de ſes Etats, droits, poſſeſſions, ou intérêts ou de quelque manière que ce ſoit, l'autre Partie contractante s'engage de ſecourir Son Allié ſans délai, pour ſe maintenir mutuellement dans la poſſeſſion de tous les Etats, Territoires, Villes et Places, qui leur ont appartenu avant le commencement de ces hoſtilités, pour lequel effet, ſi le Royaume de Pologne

Pologne venoit à être attaqué, Sa Majesté le Roi de Prusse fournira à Sa Majesté le Roi et la Sérénissime République de Pologne un secours de Quatorze Mille hommes d'Infanterie et de Quatre Mille hommes de Cavallerie, accompagné d'un train d'Artillerie proportionné au nombre des Troupes, et si Sa Majesté Prussienne venoit à être attaquée, Sa Majesté le Roi et la République de Pologne, lui fourniront un secours de Huit Mille hommes de Cavallerie et de Quatre Mille hommes d'Infanterie, accompagné d'un train d'Artillerie proportioné au nombre des Troupes, lequel secours respectif sera fourni dans l'espace de deux mois, à dater du jour que la réquisition sera remise de la part de la partie requérante et demeurera à sa disposition, pendant toute la durée de la guerre dans laquelle Elle se trouvera engagée. Ce secours sera payé et entretenu par la Puissanee requise, partout où son Allié le ferra agir, mais la partie requérante lui fournira gratis dans ses Etats, le pain et le fourage nécessaire sur le pied usité dans ses propres troupes.

Si la partie lésée et requérante préferoit aux troupes un secours en argent, Elle en aura le choix, et ce secours sera alors évalué à Vingt Mille Ducats d'Hollande par an, pour mille hommes d'Infanterie, et à Vingt-Six Mille, Six cent, soixante Six

 Ducats

Ducats d'Hollande, pour mille hommes de Cavallerie par an, ou dans la même proportion par mois.

Si la République de Pologne préféroit alors de fournir fon fecours en bled, pour l'approvifionnement des Magazins, Sa Majefté Pruffienne s'y prêtera autant que fes propres intérêts le permettront, et on évaluera alors le bled que la Pologne pourroit fournir, felon le prix courant de la Pologne.

Article IV.

Dans le cas où ce fecours ftipulé ne feroit pas fuffifant pour la défenfe de la Puiffance requérante, la Puiffance requife l'augmentera fuivant la néceffité du cas, et cette augmentation fera, du côté de Sa Majefté le Roi de Pruffe, jusqu'à Trente Mille hommes, et du côté du Roi et de la Republique de Pologne, jusqu'à Vingt Mille hommes. Si cependant malgré cette détermination de la quantité des troupes auxiliaires, l'une des deux parties contractantes, fe trouvoit dans le cas d'un fecours de toutes les forces de l'autre, les deux parties se réfervent de fe concerter fur ce fecours extraordinaire et de le requérir.

Article V.

Les troupes qui feront fournies par la partie requife, feront fous le Commandement du Général qui commande l'Armée de la partie requerante, mais elles

elles resteront ensemble et sous les ordres de leur propres Généraux et Officiers; elles ne seront pas plus exposées, et elles seront traitées aussi favorablement, que les troupes de la partie requérante.

Article VI.

Si quelque Puissance étrangère que ce soit, vouloit à titre d'Actes et stipulations précédentes quelconques, ou de leur interprétation, s'attribuer le droit de se mêler des affaires internes de la République de Pologne ou de ses dépendances, en tel tems ou de quelque manière que ce soit, Sa Majesté le Roi de Prusse s'emploira d'abord par ses bons offices les plus efficaces, pour prévenir les hostilités par rapport à une pareille prétension. Mais si ces bons offices n'avoient pas leur effet, et que des hostilités resulteroient à cette occasion contre la Pologne, Sa Majesté le Roi de Prusse, en reconnoissant ce cas comme celui d'alliance, assistera alors la République selon la teneur de l'Article IV. du présent Traité.

Article VII.

Les Parties contractantes ayant resolu de pourvoir aux intérêts des deux Nations, par un Traité de Commerce, et la nature d'un tel Traité exigeant du tems, Elles n'ont pas voulû que cela pût causer du rétard dans la conclusion du Traité d'alliance, également desirée des deux côtés; mais on continuera la négociation autant pour la vérification et redresse-

 ment

ment des abus, qui auroient pû s'être glissés de part et d'autre, dans l'exécution du dernier Traité de Commerce, que pour hâter la conclusion d'un nouveau Traité, qui établira d'une manière plus complette les avantages réciproques du Commerce, pour le bien des deux Nations.

Article VIII.

Le présent Traité d'Alliance sera approuvé et ratifié par Sa Majesté le Roi de Prusse, et par Sa Majesté le Roi et la République de Pologne, et les lettres de ratification, en bonne et due forme, seront delivrées et échangées de part et d'autre, dans l'espace de quatre semaines, ou plûtôt, si faire se peut, à compter du jour de la signature du présent Traité.

En foi de quoi nous soussignés Plénipotentiaires de Sa Majesté le Roi de Prusse, et de Sa Majesté le Roi et la Sérénissime République de Pologne, avons signé le présent Traité d'Alliance, et y avons apposé les cachets de nos Armes.

Fait à Varsovie le 29. Mars 1790.

(L. S.) Jérôme Marquis de Lucchesini.

(L. S.) Jacinthe Comte Malachowski.
(L. S.) Matthias Garnysz.
(L. S.) Joachim Chreptowicz.
(L. S.) Joseph Rybinsky.
(L. S.) Ignace Potocki.
(L. S.) Stanislas Malachowski.
(L. S.) Casimir Prince Sapieha.
(L. S.) Antoine Dzieduszycki.

Nos

Nos ergo, visis et mature perpensis praefati foederis Articulis, Tractatum hunc integrum acceptamus, approbamus et ratihabemus, spondentes verbo nostro Regio, pro Nobis, successoribusque Nostris, praedictum foedus in omnibus suis articulis religiose adimplere et manutenere. In cujus rei fidem, praesentes Ratificationis tabulas, manu Nostra signavimus et sigillo Nostro Regio communiri jussimus. Datae sunt in Regia Nostra Berolini die 5. Aprilis. Anno Domini Millesimo Septingentesimo Nonagesimo, Regni Nostri Quarto.

Fridericus Guilielmus

Finckenstein. E. F. Comes de Hertzberg.

Note. On peut voir par les déclarations des Ministres Prussens et Polonois, qui se trouvent dans le *second Volume de ces Ecrits publics du C. d. H.* depuis la page 476. jusqu'à celle de 494, et par la Note p. 477: que l'Impératrice de Russie ayant déclaré en Août 1788. de vouloir faire avec le Roi et avec la République de Pologne, une Alliance, dont le but seroit la sureté et *l'intégrité de la Pologne et la défense contre l'ennemi commun*, pour lequel effêt elle vouloit contribuer à mettre la Pologne en état de lever et d'entretenir une Armée de 100000 hommes, et que le Roi de Prusse, prévoyant qu'une pareille Alliance entraineroit non seulement la Pologne dans une guerre dangéreuse avec la Porte Ottomanne, mais seroit aussi contraire *à l'equilibre du pouvoir du coté de l'Orient et en même tems à la bonne harmonie entre la Nation Polonoise et ses autres voisins;* Sa Majesté fit faire à Varsovie les déclarations énergiques, qui se trouvent dans les pages susdites du Volume précédent. Ces déclarations firent tomber le susdit projet d'Alliance Russienne et contribuèrent à faciliter la premiere *Revolution* en Pologne, le retour de l'*indépendance de ce pays* et à le libérer du séjour continuel et du passage ordinaire des troupes Russiennes. La diète de Pologne reconnut pendant quelque tems les grands services, que le Roi de Prusse lui avoit rendu pour ces objets majeurs et pour affermir encore davantage *son independance*, et pour écarter les difficultés, qui existoient ou pourroient venir à exister entre la Prusse et la Pologne par rapport au Commerce et aux limites, elle fit demander au Roi la Conclusion d'un Traité d'Alliance et de Commerce. Le Marquis de Luchesini fut chargé de négocier là-dessus avec les Commissaire de la Diète à Varsovie et malgré toutes les difficultés qui lui furent suscitées par les Ministres des Cours de Petersbourg et de Vienne, il parvint à signer avec les Commissaires Polonois à Varsovie le 29. Mars 1790 le *Traité d'Alliance défensive*, qui se trouve cidessus. Ce Traité trouva peu de difficulté de la part des Commissaires Polonois parcequ'il est presque entièrement à l'avantage de la République: mais ils declinèrent tout à fait le projet de Traité de Commerce, que le M. de L. leur proposa selon la page suivante, parce qu'une partie de la Nation Polonoise ne vouloit pas entendre à la cession des villes de Dantzig et de Thorn et demandoit plutôt la conclusion simple d'un Traité de Commerce, qui selon leurs idées et leurs propositions n'auroit été avantageux qu'à la Pologne, ce qui sera démontré encore davantage dans la Note placée à la fin du projet Prussien du Traité de Commerce. Le Roi voulant écarter tout sujet de mécontentement et d'ombrage, ordonna au M. de L. de séparer les deux Traités, de mettre de coté celui de Commerce et de se borner à la signature du Traité d'Alliance, ce qui fut accepté par les Polonois et exécuté tout de suite. On verra ci-dessous, que lors de la Négociation de Reichenbach, le C. de H. s'efforça de procurer à la Pologne outre la dimunition de la Douane de Fordon, un *grand équivalent territorial en Gallicie pour la cession de Dantzig et de Thorn*, mais que ce projet bienfaisant pour les deux Etats fût abandonné pour faire place à un autre &

aux

aux circonstances du tems. Quand on lit et examine avec impartialité et sans prévention ce qui vient d'être exposé, ainsi que la teneur du Traité d'Alliance même, on doit reconnoitre, qu'il faut distinguer la *première Révolution* arrivée en Pologne en 1788, également utile et nécessaire pour la Pologne et pour ses voisins, de *la seconde, qui a eu lieu en* 1791, que le Roi de Prusse n'a facilité que la première Révolution et l'indépendance de la Pologne d'une manière conforme à la bonne Politique et que par Son Traité d'Alliance et par les autres services rendus ensuite à la Pologne, il n'a contribué que *d'une manière indirecte à la seconde Révolution* de Pologne, arrivée en 1791, laquelle ne seroit pourtant pas arrivée sans la première et lui seroit devenue très dangereuse sans celle-là.

Depuis la Conclusion du Traité d'Alliance du 29. Mars 1790, le Roi n'a pas eu de Négociations importantes et directes avec la Pologne, mais il n'a pas discontinué d'être utile à la République; Il l'a compris dans l'Article III. de son Traité d'Alliance conclu avec la Porte Ottomanne le 31. Janvier 1790; il a fait appuyer par son Ministre à Constantinople les Négociations du Ministre de Pologne auprès de la Porte Ottomanne et dans toutes les autres Cours de l'Europe; il s'est intéressé aussi pour qu'un Ministre de Pologne fut admis au Congrès de paix à *Sxistowa*, ce qui fut pourtant empêché par d'autres circonstances et par la tournure que prit la Négociation de la Paix générale, sans que la Prusse y ait mis aucun obstacle.

Lettre

Lettre du Roi de Pologne au Roi de Prusse du 17. Mars 1790.

Monsieur mon Frère. Il est certainement déjà connu à V. M. que la diète de Pologne s'est décidée unanimement à allier notre République à V. M. sans délai, et sans prétendre régler au préalable les points de commerce qui sont en discussion entre V. M. et Nous.

Plus ces points de commerce sont essentiellement importans pour Nous, et plus V. M. voudra bien apprécier l'empressement d'une Nation libre et généreuse à s'unir avec Vous, et se reposant uniquement sur *l'équité personnelle* du caractère connu de Votre Majesté.

Avec un Roi tel que Vous, la voye la plus sûre doit être de s'adresser directement à Lui, en le priant de peser dans la balance de son ame juste, les réclamations d'une Nation qui Lui donne toute son amitié, lorsqu'Elle les fonde sur la *lettre claire des traités et sur dix sept ans de souffrances.*

L'idée

L'idée que cette Nation s'eſt formée de Fréderic Guillaume régnant, eſt, que fait pour égaler ſes ancêtres dans tous les autres genres de gloire, il y en a un qu'il voudra ſe rendre plus particulièrement propre, en mettant ſa grandeur au deſſus de cette maxime funeſte, qui croit ne voir jamais le bien de ſes propres Etats que dans les maux de ſes voiſins.

Vous ne pouvez pas ignorer, Sire, tout ce qui faiſoit prévoir les plus grandes difficultés, qui devoient s'oppoſer à la réſolution que la diète de Pologne a priſe le 15. du courant, ou du moins la retarder; néanmoins tout a cédé à la ſeule penſée que c'eſt à Vous, Sire, que nous avons à faire.

J'ai dit à ma Nation, que je m'adreſſerai en perſonne à Votre Majeſté; que je Vous expoſerai les droits, les plaintes et les demandes de ma Nation, et auſſitôt la diète entière, ſans partage de voix a dit: Procédons au plutôt à devenir les alliés de ce Roi, trop loyal, ſans doute, trop veritablement grand, pour vouloir prendre avantage contre Nous de la confiance que Nous mettons en Lui: Il ordonnera ſans doute à ſes Miniſtres, de remedier au plutôt aux juſtes plaintes des Polonois; il dira: Je veux, que les Polonois ſoyent déſormais à l'abri de la gêne injuſte et de la vexation; je veux qu'ils ſoyent contens, parce qu'ils ſe ſont déclarés mes amis.

Si

Si en parlant à ma Nation, j'ai préſumé le ſuccès de ma lettre, j'ai cru par la même rendre hommage à Vos vertus.

C'eſt dans ces ſentimens que je me ferai toujours gloire de me dire

Sire

de Votre Majeſté

Varſovie le 17. Mars

le bon Frère et allié
Stanislas Auguſte.

Lettre de Sa Majesté le Roi de Prusse à Sa Majesté le Roi de Pologne. Berlin, le 11 Avril 1790.

Monsieur mon Frère. Le Prince Jablonowsky m'a remis la lettre, que V. M. m'a bien voulu écrire en date du 17. de Mars, et par laquelle Elle reclame ma droiture personnelle, pour faire cesser les griefs de commerce, que la Nation Polonoise croit avoir contre la Prusse. Je suis flatté de la confiance, dont V. M. m'honore, et je n'omettrai surement rien de mon côté pour la justifier; mais je prie V. M. et sa nation d'observer aussi la même justice et impartialité qu'Elle me demande, envers moi et mon Etat; et qu'on pèse dans une balance exacte les véritables circonstances de l'objet important dont il s'agit.

Si V. M. veut se rappeller tout ce qui s'est passé depuis la cession de la Prusse occidentale, Elle ne pourra pas méconnoître, que les charges et les inconvéniens, auxquels le commerce de la Nation Polonoise sur la Vistule et vers la mer Baltique, se trouve

peutê-

peutêtre expoſé, prennent uniquement leur origine et leur ſource, de ce que lors de la ceſſion de la Pruſſe occidentale, les villes de Dantzig et de Thorn en furent exceptées, quoique ſituées au milieu de la Pruſſe et que les circonſtances exigèrent de conclure en 1775. la convention de Commerce entre la Pruſſe et la Pologne, par laquelle toutes les marchandiſes, que la Nation Polonoiſe transporte vers Dantzig, ou en exporte, ont été chargées des mêmes droits de 12. pour cent, qui ont déjà exiſté du tems de la domination Polonoiſe. S'il s'eſt gliſſé des abus dans la perception de ces droits par la conduite des douaniers, ce que les ſujets Pruſſiens n'éprouvent pas moins en Pologne, moi auſſi bien, que le Roi mon prédéceſſeur, nous avons tâché de les redreſſer au poſſible dans le cas de plaintes portées; j'ai fait ſurtout réduire l'eſtimation des productions Polonoiſes à leur véritable valeur dans la douane de Fordon, et j'ai fait diminuer jusqu'à trois pour cent les droits de tranſit pour toutes les manchandiſes, que la Nation Polonoiſe fait venir de l'étranger par terre et à travers de mes Etats. J'ai fait de plus, ce qu'aucun Souverain n'a encore fait, et que la Nation Polonoiſe n'a pas même pû exiger; c'eſt que j'ai aboli les droits de douane et de peage ſur la plus grande partie des productions et marchandiſes, que les Litthuaniens portent dans la Pruſſe orientale, et à mes Ports de Königs-

Königsberg et de Memel, en ôtant les bureaux de douane, qui ont subsisté depuis des siècles aux frontières de la Prusse et de la Lithuanie. *) Je crois donc avoir fait tout et plus qu'on ne sauroit exiger de moi, pour faciliter le commerce de la Nation Polonoise par mes Etats. Il peut se faire sans aucuns droits vers les villes de Königsberg et de Memel, et à-raison de deux pour cent par mes villes maritimes d'Elbing et de Stettin. Si le commerce, que les Polonois veulent faire à Dantzig, est chargé d'un impôt de 12 pour cent, c'est la suite naturelle et nécessaire de l'existence des anciennes douanes Polonoises, de la convention de 1775, et de la situation de la ville de Dantzig. On ne sauroit exiger de moi avec équité, que j'accorde le même tarif et les mêmes avantages, dont jouissent mes propres villes, à une ville, qui est toute environnée de mes Etats sans y appartenir, et qui leur fait tant de mal par les contrebandes de ses habitans, et par les chicanes de ses magistrats. Je sens bien, que la Nation Polonoise en souffre d'une manière indirecte, mais c'est sa propre faute et non celle des Souverains de la Prusse,

*) De cette manière ce ne sont pas les Polonois, mais les acheteurs ou vendeurs étrangers, qui payent ces droits modiques à l'entrée aux ports de la Prusse et non à la sortie aux frontières de la Pologne.

Pruſſe, et elle doit ſe ſouvenir, qu'elle n'a pas été moins maltraitée par le monopole du commerce de la Viſtule, que la ville de Dantzig avoit uſurpé du tems de la domination Polonoiſe au préjudice des autres Villes de la Pruſſe. Ce vice ne peut pas manquer de reſter inhérent au commerce que les Polonois veulent faire par la Viſtule et à Dantzig, auſſi longtems que les villes de Dantzig et de Thorn reſtent ſéparées de mon territoire, duquel elles ſont abſolument environnées, ſurtout la première. C'eſt pour lever ce grand inconvénient, d'ailleurs incorrigible, que j'ai fait propoſer à V. M. et à l'illuſtre diète, de faire avec moi une nouvelle tranſaction, par laquelle je diminuerois les droits de péage établis ſur la Viſtule à raiſon de 12 pour cent, à un taux ſi médiocre, que la Nation Polonoiſe pourroit en être entièrement contente, et j'ai demandé qu'en compenſation de la grande perte, que j'en ſouffrirois dans mes douanes, on me cede la ſouveraineté des villes de Dantzig et de Thorn, qui par leur ſituation naturelle appartiennent au territoire de la Pruſſe occidentale, et qui lors de la ceſſion de ce pays, n'en ont été exceptées que par des raiſons particulières et peu valables. J'ai cru pouvoir faire ces propoſitions, ſans pouvoir être taxé de vues injuſtes d'aggrandiſſement et d'ambition, parceque les deux villes de Dantzig et de Thorn ſont ſituées au milieu de mes Etats, que leur ſouveraineté ne con-

convient qu'au possesseur de la Prusse occidentale et à l'allié de la Pologne, auquel elles donnent un accroissement de force également nécessaire à la Prusse et à la Pologne; parcequ'elles ne rapportent absolument rien à la République de Pologne, et rendent plutôt le commerce de la Nation Polonoise difficile et onéreux, par les droits conventionnels et parcequ'en diminuant ces droits, j'aurois perdu un revenu annuel mais certain de 200000 écus, que la Nation Polonoise auroit gagné sans faute dans son commerce par la diminution de la douane de Fordon, sans que je puisse m'en promettre aucun équivalent proportionné par la possession des villes de Dantzig et de Thorn. Si V. M. y avoit perdu quelques revenus casuels, je n'aurois pas manqué de les Lui bonifier. Je ne devois donc pas m'attendre, que ma susdite proposition seroit reçue par la diète, d'une maniere si contraire à mes vues innocentes et honnêtes et aux véritables intérêts des deux Etats. Je devois encore moins prévoir, qu'un Monarque aussi patriote et aussi éclairé que V. M. s'y opposeroit d'une manière aussi forte comme Elle l'a fait. J'avoue que je me suis attendu à tout autre accueil de la part de la diète; mais dès que j'ai appris, que cette proposition, qui ne roule en effet que sur un troc très avantageux pour la Pologne, n'étoit pas agréable à V. M. et à la diète, j'ai ordonné à mon Ministre le Marquis de

Lucchefini, d'en faire abftraction et de fe borner à la conclufion d'un fimple traité d'alliance. Je fuis rédevable à V. M. d'avoir récommandé à Sa Nation la conclufion de cette alliance. J'y mets un très grand prix et je tiens à honneur d'être le principal allié d'une Nation auffi noble et auffi brave. Je ne doute pas qu'elle faura également apprécier mon alliance, et qu'elle reconnoîtra ce que j'ai fait et ce que j'aurai encore à faire pour la rendre utile et convenable aux deux parties.

Comme V. M. me demande encore des difcuffions et des arrangemens ultérieurs fur le commerce, je ne manquerai pas de m'y prêter avec toute la bonne volonté et toute la facilité et équité qu'on peut exiger de moi; mais j'efpère, qu'on y apportera auffi de la part de la Pologne les mêmes difpofitions, et qu'on n'exigera pas de ma part des conceffions, qui ne font pas praticables felon la nature des chofes, ni même utiles à la Nation Polonoife. Je ne me refuferai pas à une difcuffion du Traité de commerce fubfiftant, ou à la conclufion d'un nouveau, pouvant prévoir avec certitude, qu'on reconnoîtra bientôt, que la propofition que j'ai faite, pour la compenfation d'une diminution confidérable de mes douanes, eft, et fera toujours le feul moyen jufte et praticable, pour rendre le commerce de la Nation Polonoife auffi floriffant que poffible, et un des premiers de l'Europe,

et

et dont le principal avantage eſt du côté de la Pologne, et qui ne me ſeroit convenable que pour fermer l'entrée de mon Etat, pour le fortifier interieurement, et pour me faire devenir un allié d'autant plus utile pour la Pologne.

J'ai cru devoir entrer dans ce détail et expoſer à V. M. des conſidérations, auxquelles on paroît n'avoir pas donné à Varſovie toute l'attention qu'elles méritent. Je me promets encore de l'amitié et des hautes lumières de V. M. qu'Elle examinera et pèſera ces conſidérations avec cet eſprit d'équité, et de pénétration, qui La caractériſe, et qu'Elle en fera uſage pour continuer à éclairer Sa Nation, et pour faire diſparoître des préjugés, qui s'oppoſent jusqu'ici aux véritables intérêts mutuels des deux Etats.

Je ſuis avec les ſentimens d'une amitié et eſtime parfaite

de Votre Majeſté

Berlin, le 11. Avril 1790.

le bon Frère et allié
Frédéric Guillaume.

Note. On a cru devoir ajouter ici les deux *lettres* intéreſſantes, que les Rois de Pologne et de Pruſſe ſe ſont écrites, et même le *projet du Traité de Commerce*, proposé de la part de la Pruſſe, qui peut-être n'est pas même devenu aſſés public en Pologne, ou n'a pas été aſſés mûrement examiné. La Nation Polonoiſe pourra juger par ces pièces, ſi ſes plaintes ſont auſſi fondées, qu'elle le croit et ſi elle a bien entendu ſes intérêts,

térêts, en réfusant un *troc*, qui auroit été entièrement à son avantage, puisque les Villes de Dantzig et de Thorn, enclavées dans les Etats Prussiens ne lui rapportent rien, et loin de lui être utiles, lui sont plutôt nuisibles et à charge, aussi long tems, que dure leur situation présente, laquelle fait en même tems le malheur de ces deux villes et du territoire Prussien, qui les environne, par la gêne que cette situation ne peut pas manquer de mettre à leur commerce mutuel. Aussi long tems, que ces villes appartiennent à la Pologne, le Roi de Prusse ne peut les regarder, que comme étrangères à Lui, gêner leur commerce avec ses Etats, et leur faire payer des droits plus forts qu'à ses propres sujets, ce qui par ses suites retombe toujours sur les Polonois, qui ne peuvent faire leur commerce maritime que par ces mêmes villes. Si elles étoient cédées au Roi, il les traiteroit sur le même pied que ses autres sujets, et il leur permettroit un commerce libre et mutuel, il diminueroit les Douanes à leur égard, et les Polonois en profiteroient de plus en payant des Droits beaucoup moins forts à Fordon et à Dantzig, leur commerce en deviendroit beaucoup moins gêné et plus florissant, ainsi que celui des deux Villes de Dantzig et de Thorn; les habitans de ces villes feroient un commerce libre et mutuel avec les sujets Prussiens leurs voisins et concitoyens; le commerce de contrebande, qui fait actuellement tant de malheureux, cesseroit; et ainsi les Danzicois, les Prussiens et les Polonois seroient également heureux et contents, en jouissant d'un commerce libre et peu chargé et les dites deux Villes regagneroient bientôt leur ancienne prospérité, au lieu qu'à présent, elles dépérissent à vue d'oeil, et souffrent également avec les Prussiens et les Polonois de la présente situation peu naturelle. Les Polonois payent ainsi fort cher l'illusion, qu'ils se font, d'avoir encore un *Gibraltar* en Prusse, et s'il craignent, qu'en cédant D. et T. leur commerce sur la Vistule seroit encore toujours précaire et sujet à des gênes et des difficultés, ils pourroient y pourvoir aisément par un bon Traité de Commerce, que la Cour de Berlin leur accordera toujours aussi avantageux que possible et tiendra très strictement, parce qu'elle a autant d'intérêt que la Nation Polonoise même,

à

à rendre l'exportation et l'importation des Polonois par la Vistule, aussi fortes que possible. On en trouvera un échantillon dans le projet d'un Traité de Commerce ci-joint que la Prusse a offert, et auquel elle auroit volontiers admis toutes les modifications raisonnables et propres à concilier les intérêts des deux Nations, qui se réunissent véritablement dans un commerce libre et florissant sur la Vistule vers la Baltique. Cet intérêt mutuel devroit entièrement rassurer la Nation Polonoise contre toute crainte, qu'un Traité de Commerce ne seroit pas toujours exactement observé; du moins elle peut compter d'y trouver, par la même raison, autant et plus de sureté pour la prospérité de son commerce, qu'à la possession des Villes de Dantzig et de Thorn même, qui ne leur assurent ni révenues ni commerce dans la situation présente.

Il paroit qu'une partie de la Nation Polonoise attache encore plus de prix à la possession de *Thorn*, qu'à celle de *Dantzig*, parceque la ville de Thorn est plus voisine du territoire Polonois; mais elle n'en est pas plus utile à la Pologne que la Ville de Dantzig; étant située au confluent de la Vistule et de la Drewenza, et environnée de tous cotés du territoire Prussien, elle est plus nécessaire à la Prusse qu'à la Pologne. En général, les deux Villes de Dantzig et de Thorn, enclavées, comme elles sont une fois dans le territoire Prussien par le Traité de cession, leur *possession territoriale* est indifférente et même préjudiciable aux véritables intérêts, de la Nation Polonoise *(à moins que celle-ci ne songe au recouvrement de la Prusse occidentale)*, mais elle est d'une utilité et d'une nécessité absolue à la Prusse, non seulement pour sa sureté et pour sa défence, mais aussi pour écarter toutes les contestations entre la Prusse & la Pologne, qui ne peuvent pas manquer de survenir à tous momens entre ces deux Puissances, altérer leur bonne harmonie, et faire subsister un germe perpétuel de dissension et de jalousie aussi longtems que la *souveraineté* des susdites villes appartient à la Pologne et non à la Prusse; de sorte qu'on peut prévoir, et dire sans exagération, qu'aussi long tems, que

que subsiste cet ordre des choses à l'égard des deux susdites villes, il ne peut jamais y avoir une confiance et amitié sincère, illimitée et constante entre les Cours de Prusse et de Pologne. L'offre que la Prusse a fait à la Pologne de diminuer la Douane conventionnelle de Fordon de 12 à 4 pour cent, feroit un équivalent plus que suffisant pour la Pologne, parcequ'elle payeroit alors 200000 Ecus de moins par an et auroit par ce moyen un profit net de cette somme, et un grand avantage au commerce plus libre, pendant qu'elle ne perdroit rien en revenus par la cession de Dantzig et de Thorn.

Il y a des gens qui prétendent, que le Roi de Prusse perdroit le plus à ce troc, et qu'il ne regagneroit pas à la possession des Villes de Dantzig et de Thorn ce qu'il perdroit à la dimunition de la Douane de Fordon: mais on peut avancer et soutenir hardiment, que ce raisonnement n'est bon que pour un Douanier de Fordon, et qu'en le faisant on ne considère pas, que la *diminution momentanée* de cette Douane, feroit bientot rétablie et compensée par le commerce plus florissant de la Pologne, et quand cela ne feroit pas, *la possession territoriale* des deux villes, qui donnent et assurent au Roi de Prusse, la clef du commerce de la Baltique, de la Vistule et de la Pologne, qui consolident la sureté et la combinaison de ses deux Provinces de la *Prusse* et de la *Poméranie*, et fait cesser leur séparation très funeste, qui écarte tout sujet de jalousie et de disharmonie, d'ailleurs immanquable, entre la Prusse et la Pologne, et jette la base d'un bon voisinage et d'une harmonie constante entre ces deux Nations, fondée sur leur intérêt mutuel, véritable et constant, ces avantages, dis-je, sont bien supérieurs à la diminution d'ailleurs non certaine et aisée à réparer d'un médiocre revenu fiscal et casuel.

Il est vrai que dans les conférences de Reichenbach on auroit pu procurer à la République de Pologne outre la diminution de la Douane de Fordon un équivalent territorial, encore beaucoup plus important, si des circonstances imprévues ne l'avoient pas empêché, comme on le verra plus amplement

plement dans les *Mémoires* et Pièces qui regardent cette Négociation,

On a cru devoir placer ici cette discussion sur une matière de la plus grande importance pour le véritable intérêt et la bonne harmonie de deux Etats voisins, et sur laquelle on a fait et fait encore tant de faux raisonnemens, parcequ'on ne se donne pas la peine de l'approfondir, qu'on ne la connoit et ne la considère pas dans toutes ses combinaisons, et que l'intérêt particulier la fait méconnoître quelquefois au préjudice de l'intérêt public.

---

*Projet d'un Traité de Commerce entre S. M. le Roi de Prusse et S. M. le Roi et la S[me] République de Pologne *).*

S. M. le Roi de Prusse ayant pris depuis son avènement au thrône toutes les mesures, qui Lui ont paru possibles et les plus convenables, pour favoriser le commerce mutuel entre ses Etats et le Royaume de Pologne, pour le bien des deux nations, liées par un voisinage presque continuel de leurs païs et la situation la plus naturelle et la plus heureuse pour un grand commerce réciproque; on s'est pourtant ap-

*) Ce projet d'un Traité de commerce et d'échange, ayant été présenté par le M. de Lucchesini à la Diète de Pologne, avec la susdite lettre du Roi de Prusse, d'abord après la signature de l'Alliance; mais n'ayant pas été acceptée par la Diète de Varsovie, on a voulu le placer ici, afin que tout le public et particulièrement la Nation Polonoise, puisse juger, en combinant ce projet, avec les lettres précédentes des deux Rois et avec les notes qui y sont ajoutées, si ce projet de la Prusse n'étoit pas juste, raisonnable et nullement contraire, mais plutôt très convenable aux vrais intérêts de la Pologne. Toute cette Négotiation de commerce a reposé depuis, et quoique on ait vu dans les papiers publics un projet de commerce que la Diète doit avoir communiqué au Magistrat de Dantzig, on ne sait pourtant pas si elle est authentique, et il n'en a été fait aucun usage officiel et direct envers la Cour de Berlin.

apperçu bientot de part et d'autre, que ce commerce, qui pouvoit être si florissant et si profitable pour les deux nations, est gêné et traversé par quelques stipulations contenues dans le traité de cession, conclu entre S. M. le Roi de Prusse et S. M. le Roi et la Sme République de Pologne à Varsovie le 1. Septbr. 1773, et dans l'acte séparé pour le commerce, fait à Varsovie le 19. Mars 1775. On a observé réciproquement, que ces entraves et difficultés contraires au commerce réciproque, viennent principalement des stipulations enoncées dans les Articles 2 et 12 du Traité de 1773 par lesquelles les deux villes de Dantzig et de Thorn sont restées sous la souveraineté de la Pologne. Or ces deux villes, surtout celle de Dantzig, se trouvant par leur situation enclavées dans les Etats de S. M. le Roi de Prusse et séparées du Royaume de Pologne, étant régies par une constitution toute différente, et ne pouvant pas être favorisées dans le commerce comme les Etats Prussiens, leur situation donnant aussi des occasions inévitables à un commerce de contrebande très nuisible, il est resulté de toutes ces circonstances la nécessité, onéreuse pour le commerce de la Nation Polonoise, que la Cour de Berlin a fait stipuler dans l'acte séparé du 19 Mars 1775; que tous les objets et effets de commerce, qui viennent de la Pologne ou en sortent par la rivière de la Vistule,

seroient

feroient chargés d'un péage de 12 pour cent, calculés d'après leur valeur fixée dans un tarif rédigé en même tems. L'illuſtre Nation Polonoiſe n'a pas pu méconnoître, que ne pouvant pas exiger de Roi du Pruſſe de favoriſer deux villes étrangères à ſa domination, autant que ſes propres villes, la ſouveraineté nominale de ces deux villes ne ſaiſoit que du tort à la Pologne, ſans lui être d'ailleurs d'aucune autre utilité conſidérable. Les deux hautes parties ayant donc reconnu par une longue expérience, et après de mûres conſidérations, qu'il n'y avoit pas d'autre moyen de faire ceſſer ces inconvéniens et les obſtacles qui s'oppoſent d'une manière impérieuſe et inſurmontable au commerce, d'ailleurs ſi naturel et auſſi favorable, entre les Etats Pruſſiens et la Pologne, qu'en faiſant un changement eſſentiel dans les deux articles ſusdits 2 et 12 du Traité de ceſſion du 1 Septbre. 1773, et dans l'acte ſéparé pour le commerce ſigné le 19 Mars 1775. Elles ont chargé de leur pleins-pouvoirs leurs Miniſtres reſpectifs le - - - - - - - - - - - - - et S. M. le Roi et la Sme République de Pologne le - - - - - - - - - - lesquels Plénepotentiaires aprés avoir mûrement examiné et diſcuté ces objets importans, ſont convenus des articles ſuivans, qui ſerviront de baſe à un Traité de commerce et de ceſſion entre les deux Etats.

Ar-

Article 1.

Les droits de péage, que S. M. le Roi de Prusse a sur la Vistule ayant été perçus jusqu'ici à raison de 12 pour Cent à Fordon et à la pointe de Montau, en vertu de l'Acte séparé du 19 Mars 1775, Sa dite Majesté le Roi de Prusse, voulant favoriser au possible le commerce de la Nation Polonoise, consent et promet, de ne faire percevoir à l'avenir que 4 pour cent de droits d'entrée et de sortie sur toutes les productions Polonoises, que les Polonois transporteront sur et par la Vistule. Ces droits de peagé ne seront aussi perçus que dans un seul endroit, que S. M. jugera la plus convenable pour la commodité du commerce.

Article 2.

Les Polonois auront la liberté d'apporter dans toutes les villes de la domination de S. M. le Roi de Prusse toutes leurs productions, pour y être vendues en ne payant que deux pour cent de douane, lesquels cesseront aussi à l'égard des 33 Articles, lesquels pourront être librement transportés par les Polonois aux villes maritimes de la Prusse orientale, selon l'ordonnance que S. M. le Roi de Prusse a fait émaner en date du 29 Août 1789, pour favoroiser et pour faciliter le commerce de la Nation Polonoise de toute manière possible. S. M. se réserve pourtant de permettre ou de défendre l'importation des grains de

la

la Pologne en Siléſie, dans la Marche et en Poméranie, mais l'importation de ces grains ſera toujours libre et permiſe ſur la Viſtule et dans toute la partie du Royaume de Pruſſe ſituée au delà de cette Rivière.

Article 3.

Il ſera permis aux Polonois de faire paſſer par la Siléſie en Saxe les grains de toute eſpèce, moyennant un droit de tranſit de deux pour Cent, et leurs autres productions, en payant les droits de tranſit d'après le tarif publié pour la Siléſie en date du 27 Decbre. 1788.

Article 4.

Les Polonois pourront acheter partout où bon leur ſemblera dans les Etats de S. M. et tranſporter librement en Pologne tous les objets dont ils ont beſoin, en ne payant que deux pour cent de droits de ſortie. Pour leur faciliter leurs approviſionnemens en tout genre, S. M. accordera aux Villes de Memel, Tilſit, Königsberg, Elbing, Bromberg, Stettin, Drieſen et Breslau, la permiſſion de tenir des fabrications étrangères en ſoyeries et en draps fins pour les beſoins de la Nation Polonoiſe.

Article 5.

Pour donner à l'illuſtre Nation Polonoiſe une preuve de la ſollicitude de S. M. le Roi de Pruſſe de lever autant que faire ſe peut, ſans le détriment de

ſes

ses propres sujets et de leur fabrication, les entraves qui peuvent empêcher le commerce de la Pologne, Elle promet de ne faire imposer les marchandises étrangères venant de l'étranger et passant par terre par ses Etats en Pologne que d'un droit de transit de trois Rixdalers par Quintal.

Article 6.

Pour prévenir tout arbitraire dans les perceptions, ainsi que les difficultés et contestations qu'elles pourroient occasionner, S. M. le Roi de Prusse fera revoir et modérer le Tarif, qui a été fait en 1775, tant pour la Douane de la Vistule, que pour les droits d'importation et d'exportation à raison de deux pour cent. Ce tarif sera communiqué au Gouvernement Polonois pour être rêvu rédigé et règlé définitivement à la suite de ce Traité, selon la véritable valeur des objets de commerce.

Article 7.

Pour égaliser toutes les Provinces, dans leur perception, et pour procurer tant aux sujets de S. M. qu'à ceux de la Pologne, les mêmes avantages les droits se percevront sur toutes les frontières qui bordent la Pologne, et il sera partout établi des bureaux où les perceptions se feront sur le pied des déclarations, réservant toute vérification aux lieux des destinations ou d'enlevement, ou en cas de soupçon

de

de fraude dans les villes les plus proches, pour n'occasionner ni retard ni dommage aux objets importés ou exportés; mais sous la condition, que les transports ne se feront dans le Royaume que sur des expéditions contenant le détail des collis, c'est à dire, des caisses malles et ballots, qui seront plombés, pour n'être ouverts qu'aux destinations ou villes où l'on jugeroit necessaire de faire des visites, en présence des conducteurs et préposés du Roi; que la quantité des Collis sera rélative aux expéditions, qui porteront la quitance des droits acquittés, d'après laquelle la confiscation de tous les objets non déclarés, et dont les droits auroient été fraudés, sera acquise outre les amendes encourues, et qui seront le quadruple des droits fraudés.

Article 8.

Par une juste réciprocité de tout ce que S. M. le Roi de Prusse a accordé dans les Articles précédens pour favoriser le commerce de la Nation Polonoise, S. M. le Roi et la S^me République de Pologne promettent de leur coté, de restreindre aussi au taux de deux pour cent, dans leurs douanes, tous les objets et fabrications des Etats de S. M. Prussienne, soit à l'entrée, soit au passage, d'égaliser en tout les droits d'importation et d'exportation du côté de la Silésie à ceux qui se percoivent du côté de la Gallicie,

cie, ſans accorder là-deſſus aux Etats Autrichiens aucune préférence, d'abolir les petits bureaux de péage, qui ſe trouvent le long, des frontières de la Pruſſe orientale et occidentale, de la Siléſie et de la Marche, et de n'établir aucun nouveau péage ſur les rivières, de la Viſtule, du Bug, du Nimen et de la Warta.

Article 9.

Pour obvier aux irrégularités dont les receveurs et autres employés des petits bureaux de péage, le long de la frontière contre la Pruſſe, la Siléſie et la nouvelle Marche, ſe rendent coupables, il ſera nommé de la part de la Pologne des perſonnes, à qui en de pareilles occaſions on pourra s'adreſſer et qui ſeront autoriſées de faire là-deſſus des enquêtes et de redreſſer ces griefs ſans le moindre délai; de même que dans les Etats Pruſſiens il a été enjoint aux Directions des acciſes et péages, établies dans chaque Province, d'écouter un chacun dans ſes plaintes contre les ſous-employés, et de les redreſſer, ſi dans les recherches que làdeſſus on aura faites, on les aura trouvé fondées.

Article 10.

Tout ce qui regarde le commerce et les douanes entre les Etats Pruſſiens et la Pologne, étant

 régié

règlé et déterminé pour l'effentiel dans les Articles précédens, l'acte féparé du commerce conclu à Varfovie le 19 Mars 1775 tombe par foi même et fera auffi aboli par le préfent Traité.

Article II.

Comme Sa M. le Roi de Pruffe abandonne par ce Traité une partie auffi confidérable de fes droits de péage fur la Viftule fondés dans un traité folemnel, et qu'elle fait d'autres arrangemens auffi avantageux pour le commerce de la Pologne, et que de l'autre côte la fouveraineté des villes de Dantzig et de Thorn, féparées comme elles font du territoire Polonois, au lieu d'être utile à la République de Pologne lui eft plutôt onéreufe et préjudiciable, par la fituation ifolée de ces villes, et par la gêne du commerce Polonois qui n'a pu qu'en être une fuite naturelle, S. M. le Roi et les Etats de la Sme République de Pologne, affemblés en Diète, après avoir murement examiné et confidéré toutes ces circonftances, cèdent à S. M. le Roi de Pruffe, pour Elle et pour fes héritiers la fouveraineté des villes et territoires de Dantzig et de Thorn avec tous les droits qu'ils y ont exercés jusqu'ici, pour les poffèder à perpétuité, comme elle poffède la Pruffe oc-

occidentale en vertu du Traité du 18. Septbr. 1773. *)

*) On ſentira aiſement par la ſimple lecture de cette pièce, que la Cour de Pruſſe n'a voulu la communiquer à celle de Varſovie que comme le projet et la première ébauche d'un traité de commerce et d'échange, ſur lequel on auroit pu négocier et auquel le Roi auroit volontiers admis tous les changemens et les additions juſtes et raiſonnables, mais que du moins il étoit d'une nature et que les intérêts des deux Etats, et même la réconnoiſſance auroit exigé, qu'on fut entré en diſcuſſion et en Négociation là deſſus, plutôt que de laiſſer les objets de commerce et des limites entre les Etats dans cet état d'incertitude et d'indéciſion, qui continue à ſubſiſter entre la Pruſſe et la Pologne et à entretenir une ſource intariſſable de toutes les tracaſſeries et de tous les inconvéniens dont on a donné un precis dans les deux notes précédentes.

Lettre de Félicitation et de Créance au nouveau Sultan Selim, pour l'Envoyé Pruſſien de Diez. Berlin, le 26. May 1789.

Sereniſſimo et potentiſſimo Principi, Domino Sultan *Selim*, Domino locorum Sanctorum etc. tot. tit. Amico Noſtro chariſſimo, Fridericus Guilielmus Dei gratia Rex Boruſſiae etc. tot. tit. Salutem proſperoſque rerum ſucceſſus. Sereniſſime et Potentiſſime Princeps, Domine ac Amice Noſter chariſſime! Simul ac ex literis Ablegati Noſtri Extraordinarii de Diez, penes Sublimem Portam reſidentis, quas peculiari Nuntio Nobis miſit, accepimus, Sereniſſimum et Potentiſſimum Principem *Sultan Abdul Hamid*, ſubitanea morte vita exceſſiſſe et Majeſtatem Veſtram ſolium Imperiale jure hereditario Sibi debitum aſcendiſſe et fasces et gubernacula Imperii ſui vaſtiſſimi ſuscepiſſe, nihil potius habuimus, quam ut per peculiarem Nuntium maxima cum velocitate Conſtantinopolin miſſum, haſce ad Majeſtatem Veſtram exararemus et mitteremus litteras, ad perſolvenda ei officia Noſtrae amicitiae erga illuſtriſſimam Ottomannorum Imperialem familiam, ad exprimendos ei ſenſus tam doloris Noſtri ſuper obitu prædeceſſoris & avunculi ſui, quam gaudii

gaudii Noſtri ſuper felici adventu Majeſtatis Veſtrae ad ſplendidum Ottomannici Imperrii culmen. Laetitia Noſtra de hoc eo major eſt, cum tam ex frequenti relatione Ablegati Noſtri Extraordinarii de Dietz, quam Generali ex fama jamdiu perceperimus, Majeſtatem Veſtram tantis ingenii, mentis et corporis dotibus, tantis virtutibus, et tanta animi acrimonia et alacritate, tantoque robore exornatam et inſtructam eſſe, ut nullum dubium ſit, ſed potius optimo jure ſperare liceat, Majeſtatem Veſtram ſplendida exempla et veſtigia immortalium Heroum et praedeceſſorum Suorum *Amuratis*, *Mahometis* et *Soliniani* preſſe et feliciter ſecuturam eſſe, et omnem illam gloriam, ſplendorem et robur, quo Ottomannicum Imperium et Muslimannica gens ſuper multis aliis olim emicuerunt, eis ampliſſime reddituram eſſe. Majeſtati Veſtrae igitur ſusceptum hocce arduum tot populorum regundorum Munus toto corde gratulamur et Deum Optimum Maximum Supremum rerum omnium arbitrum invocamus, ut Majeſtati Veſtrae valetudinem tanto ferendo oneri parem, vitam longaevam, exoptatiſſimos tam belli quam pacis ſucceſſus, et quaecunque regnum Suum ſupra omnium Sultanorum praedeceſſorum Suorum felicitatem gloriamque longiſſime evehere poſſunt, abundantiſſime largiri velit. Enixe optamus, ut Majeſtas Veſtra eadem arctiſſima amicitiae vincula, que Nobis et praedeceſſo-

 ribus

ribus Noſtris cum Majeſtatis Veſtrae praedeceſſoribus et Pruſſico ac Ottomannico Imperio ab multis inde temporibus interceſſerunt, quaeque ſolemni foedere et capitulatione firmata ſunt, etiam Nobiscum conſervare et non ſolum renovare, ſed adhuc magis conſtringere velit. Speramus id eo magis, cum rationes ſtatuum et gentium, quibus providentia tam Majeſtatem Veſtram, quam Nos praefecit, licet magno terrarum ſpatio disjunctas, fere eaedem et conjunctiſſimae ſint, et Majeſtatem Veſtram pro Sua mentis perſpicuitate fugere non poſſit, quod amicitia Noſtra Illuſtri Ottomannorum Imperio et genti in praeſenti rerum Statu perutilis fuit, et futuro in tempore adhuc utilior imo neceſſaria evenire poteſt. Exhibitor praeſentium, Vir generoſus, nobilis, fidelis et Nobis dilectus Henricus Fridericus de *Diez*, Conſiliarius Noſter legationum intimus, quem in ampliſſimo Ablegati Noſtri Extraordinarii apud Majeſtatem Veſtram et Sublimem Portam munere, quo hactenus feliciter et ex ſententia Noſtra functus eſt, hiſce confirmamus, cuncta ſupra dicta, omnes animi Noſtri ſenſus erga Majeſtatis Veſtrae Perſonam, nec non ſententiam Noſtram de renovandis et arctius conſtringendis inter Noſtra duo Imperia amicitiae et foederum vinculis uberius Majeſtati Veſtrae nec non Miniſtris Suis exponet. Rogamus ergo et enixe requirimus Majeſtatem Veſtram, velit praedictum

Noſtrum

Noſtrum Ablegatum Extraordinarium de Diez in ea qualitate agnoſcere, eum benevole excipere, facilem et gratioſum ei permittere acceſſum, et omnibus quæ Noſtro nomine et juſſu Majeſtati Veſtrae expoſiturus eſt, pleniſſimam habere fidem et talia ſemper ei dare reſponſa, quae a Majeſtatis Veſtrae amicitia erga Nos expectare Nobis licet. Praecamur denuo Deum Optimum Maximum, ut Majeſtati Veſtrae longiſſimam vitam, optimam, celſiſſimae Suae Perſonae ſanitatem & Incolumitatem & feliciſſimum ac proſperrimum in omni genere regnum largiatur, in cujus voti partes ſemper maxima cum animi ſinceritate ibimus. Dedimus haſce literas et manu Noſtra ſignavimus in Regia Noſtra Berolini die vigeſimo ſexto menſis Maji anno Domini milleſimo ſeptingenteſimo octuageſimo nono, Regni noſtri tertio.

Majeſtatis Veſtrae

bonus amicus

Fridericus Guilielmus.

E. F. Comes de Hertzberg.

Lettre de félicitation italienne, au nom du Roi, au Sultan Selim, envoyée par le Colonel de Goetz. 26. May 1789.

Potentissimo ed invitissimo Imperadore, overo *Padischa*, amico nostro stimatissimo.

Avendo Noi inteso, che il zio e predecessore di *Vostra Maestà*, il glorioso Sultan *Abdul Hamid*, hà cangiato la presente con l'altra vita e che *Vostra Maestà* è parvenuta al sublime e splendido soglio dell' Imperio Ottomanno, come legitimo e degno erede degli stati e delle virtù eroiche del gran Conquestatore dell' Imperio d'Oriente Mahometo II.; abbiamo creduto non poter meglio esprimere e mostrare la singolar letizia nostra sopra un tal avenimento, che oltre la lettera di congratulazione e di credenza, che l'Inviato nostro de Diez presenterà alla *Maestà Vostra*, Noi le facciamo rimettere ancora una lettera di felicitazione particolare dall' esibitore delle presenti, il Colonello di *Goetz*, nostro Ajutante di Campo, inviato per questo fine a Constantinopoli, come un Uffiziale Militare lungamente sperimentato, che si è distinto molto onorovelmente, nell' espedizione delle nostre truppe in Ollanda; per vedere e rico-

riconoſcere lo ſtato militare dell' Imperio Ottomanno, che è ſtato tanto glorioſo nei ſecoli paſſati, e che ha ripreſo una gran parte dell' antico ſplendore nella campagna precedente, e aſpetta il ſuo reſtabilimento intiero da un ſi gran Principe quale è la *Maeſtà Voſtra*, di cui il gia noto valore promette tanto alla ſua nazione ed alle trè parti del mondo dove ſi eſtende il ſuo impero. Se *Voſtra Maeſtà*, vuol' ammettere alla ſua preſenza il ſudetto Colonello di Goetz, egli rimetterà non ſolamente alla *Maeſtà Voſtra* queſta lettera, mà eſprimerà ancor a voce in più diſtinti e piu chiari termini il giubilo ſingolare, che Noi abbiamo della ſalita ſua al Trono, la grande opinione che noi abbiamo delle Sue virtù e doti, e finalmente il noſtro deſiderio ardente di rinovare e di reſtringere della maniera la piu ſtretta i legami dell' amizia e alleanza gia eſſiſtente fra i duoi Imperi, fondata ſopra le razioni e gli intereſſi i più naturali delle due nazioni. Queſti ſono i ſentimenti ſinceri e conſtanti d'un ſovrano, che è

Berlino 26 di Maggio 1789.

di Voſtra Maeſtà
il vero e fedel amico
Federico Guglielmo, Rè di Pruſſia.

Note. Les Roi de Pruſſe qui ont précédé Frédéric II n'ont eu aucune liaiſon, ni correſpondance directe avec la Cour Ottomanne.

manne. Ce ne fut aussi que pendant la guerre de sept ans en 1756, que Frédéric II envoya à Constantinople un Officier nommé Haude, auquel on donna le nom de *Rexin*, en qualité d'Envoyé, pour y négocier l'Alliance et l'assistance de la Porte contre la Cour de Vienne. Rexin promit et fit espérer beaucoup, mais rien ne fut réalisé, et il ne résulta de sa négociation, que le Traité d'amitié et de Commerce, qui fut conclu à Constantinople le 22. Mars 1761, et qui se trouve à la fin du premier Tome de ces *Ecrits publics* p. 486. Le Roi rappella le Sr. de Rexin de Constantinople en 1765 et envoya à sa place le Major de *Zegelin*. Cet habile Officier, qui s'étoit déjà distingué dans la guerre de sept ans, sçut bientot tellement faire valoir les intérêts de la Prusse à Constantinople, et gagner la confiance de la Porte Ottomanne au point, qu'elle confia au Roi et à Mr. de Zegelin la médiation de sa paix avec la Russie dans le congrès de Focziani. Le Sr. de *Zegelin* ayant demandé son rappel, fut relevé en 1775 par le Sr. de *Gaffron* et celui-ci en 1784 par le Sr. de *Dietz*. Ce fut pendant la mission de ce Ministre, que le Grand-Vizir *Jussuf Pacha* commença en 1788. la guerre contre la Russie pour reconquerir la Crimée, mais avec peu de succès. Le foible Sultan *Abdul-Hamid* étant mort au mois d'Avril 1789. le Roi accrédita de nouveau le Sr. de *Dietz* auprès du nouveau Sultan *Selim* par la lettre de créance latine, qui se trouve ci-dessus, et envoya en même tems à Constantinople avec une lettre de créance italienne le Colonel de *Goetz* son aide de camp, qui s'étoit acquis la réputation d'un habile militaire dans l'expédition de la Hollande. C'est jusqu'à ce tems-là, que toutes les lettres des Rois de Prusse aux Sultans et aux Grand-Vezirs ont été écrites en langue latine, mais du depuis on a commencé à écrire à la Porte Ottomanne en françois, parceque le Sieur de Dietz assure, que les Turcs entendent encore moins la langue latine que la françoise et qu'ils se font tout traduire.

Les Turcs se trouvant par les victoires des Russes et des Autrichiens, dans le cours de l'année 1789 dans le danger

éminent

éminent d'être poussés bien au delà du Danube et d'être chassés de l'Europe ou d'être forcés à beaucoup de cessions, ce qui auroit détruit ou ébranlé l'équilibre de l'Orient, le Roi fit non seulement offrir sa médiation aux deux cours Impériales, mais comme elle trouva peu d'accueil, il chargea le Sr. de *Dietz*, de negocier eventuellement un Traité d'alliance avec la Porte Ottomanne, ce que ce Ministre fit sur ses instructions generales, par le Traité suivant.

Traite

Traité d'Alliance entre la Prusse et la Porte Ottomanne, conclu à Constantinople le 31. Janvier 1790.

Nous Frédéric Guillaume par la grace de Dieu, Roi de Prusse, Margrave de Brandebourg, Archi Chambellan, et Prince Électeur du St. Empire Romain, Duc de Silésie etc. etc. etc.

Savoir faisons à quiconque appartient. Les circonstances critiques du tems présent et les intérêts communs ayant exigé de renouveller et de resserrer par un nouveau Traité d'Alliance formelle et étroite, les liaisons d'amitié et d'alliance, qui ont déjà depuis longtems subsisté entre la Sérénissime Maison Royale de Prusse et la Sublime Porte Ottomanne; et Notre Envoyé Extraordinaire auprès de la dite Porte le Sr. Henri Frédéric de Dietz, ayant conclu et signé en vertu de nos Instructions et pleinspouvoirs avec les Ministres de la Haute Porte Ottomanne, également munis de pleinspouvoirs suffisans de leur Sérénissime Souverain et Empereur, à Constantinople le 31 Janv. 1790. un Traité d'alliance étroite, dont la teneur s'ensuit mot à mot:

Comme

Comme les Cours Prussienne et Ottomanne ont été depuis longtems liées par une amitié étroite, et nommément par le Traité de paix conclu l'année 1761 et que les intérèts des deux Cours exigent, non seulement de maintenir l'amitié et attachement, désirés des deux cotés, mais de reserrer encore de toutes les manières cette amitié et attachement, Sa Majesté le Roi de Prusse Frédéric Guillaume II, et Sa Majesté Impériale l'Empereur Ottoman Selim III. ont fait arranger par l'entremise de leurs Plénipotentiaires, le Traité d'amitié, d'union et d'alliance, dont les points sont exprimés ci-après.

Ainsi nous Envoye Extraordinaire et Plénipotentiaire de Sa Majesté le Roi de Prusse près la Sublime Porte, de Dietz, et de la part de la Cour Ottomanne, Leurs Excellences, le Kadileskjer de Romélje, Chatschi Mustapha Assur Effendi & le Reis Effendi près Sa Majesté Impériale, Muhamed Radschid Effendi, avons conclu dans les conférences sur les dits articles l'alliance entre les deux parties.

Art. I.

Il a été trouvé nécessaire, de faire entre les deux Cours une alliance étroite, analogue aux intérêts des deux Cours et conforme à leurs affaires actuelles. A cause du préjudice, que les ennemis, en ayant passé le Danube en deça, de la manière exposée dans les conférences, ont apporté à la balance du pou-

pouvoir désirée et nécessaire, la Cour de Prusse promet et stipule, de déclarer la guerre de toutes ses forces aux Russes et aux Autrichiens au printems de cette année 1790. de telle façon, qu'elle ne se desistera pas de la guerre avant d'avoir procuré à la Porte Ottomanne une paix désirable, honorable et stable avec les ennemis, ni avant d'avoir fait obtenir à la Cour Ottomanne, non seulement une sureté parfaite par terre, mais aussi toute sureté par mer, sans crainte et sans préjudice du côté de la mer noire pour la ville de Constantinople. En retour de celà, la Cour Ottomanne s'engage et promet de faire des efforts, pour faire restituer la paix, à la République de Pologne de la part des Autrichiens, la province de Gallicie et les pays que les Autrichiens ont pris cidevant dans le partage de la Pologne, et qui se trouvent entre les mains de la Cour Autrichienne, pour qu'en conséquence de la forte amitié et alliance entre les Cours Prussienne et Ottomanne les différens qu'il y a entre la Cour de Prusse et les Autrichiens, les Russes et les Polonois sur leurs affaires et intérêts réspectifs, soyent arrangés comme il faut, sans préjudicier aux intérêts des Polonois, mais à l'avantage de la Cour de Prusse.

Art. II.

Les deux Cours, c'est à dire les Cours Prussienne et Ottomanne, renouvellent et confirment le Traité de de commerce conclu entre elles à Conſtantinople l'année 1761. et pour l'exécuter comme il faut en tous les points y contenus, il doit être annexé à la préſente convention. Après cela la Cour Ottomanne s'oblige à laiſſer aller et venir dans la Méditerranée les bâtimens marchands Pruſſiens, avec pleine liberté ſous leurs propres pavillons et patentes, ſur le pied ſes autres Cours amies les plus favoriſées, et à ne laiſſer aucunement moleſter et infeſter les dits bâtimens Pruſſiens de la part des Régences d'Alger, de Tunis et de Tripoli. Et pour que les dites Régences, ſelon l'exigeance de leur indépendance, faſſent d'un accord réciproque des conventions ſeparées avec la Cour de Pruſſe, les Régences ſusmentionnées doivent être informées et ſommées après la concluſion de ce Traité.

Art. III.

Si la Cour Ottomanne, s'il plait à Dieu, eſt victorieuſe, ſon intention étant de ne pas agréer la paix avec les ennemis avant d'avoir repris les forteresses et les pays, qui ſont tombés entre les mains des ennemis, particulièrement la Crimée, la Cour Pruſſienne ne doit pas ſe déſiſter de la guerre avant que la Cour Ottomanne n'ait fait la paix avec les dits ennemis).* En retour de cela, la Cour Ottomanne ne doit

*) Le Roi de Pruſſe n'a donc pas promis à la Porte Ottomanne de lui garantir la Crimée, *qu'après qu'elle l'auroit re-*

doit pas accepter la paix avec les Autrichiens et les Ruſſes, ni génerale ni particulière, ſans que la Pruſſe, la Suède et la Pologne ne ſoyent compriſes dans la paix. Si après que les Cours Pruſſiene et Ottomanne auront fait la paix avec les Cours Autrichienne et Ruſſienne, les Ruſſes ou les Autrichiens dans la ſuite du tems feſoient la guerre aux dites Cours de Pruſſe et de Suède et à la Republique de Pologne, ſoit à l'une d'entre elles, ou à toutes les trois, la Cour Ottomanne doit regarder cette guerre comme faite à elle même, et doit tout de ſuite aſſiſter ces trois Cours comme ſes alliés de toutes ſes forces. De même, ſi les Ruſſes ou les Autrichiens dans la ſuite du tems feſoient la guerre aux Cours Ottomanne et Suedoiſe et à la République de Pologne, ſoit à l'une d'entre elles ou à toutes les trois, la Cour de Pruſſe doit regarder cette guerre comme faite à elle-même et doit tout de ſuite aſſiſter ces trois Cours comme ſes Alliés de toutes ſes forces. Avant que les Cours Autrichienne et Ruſſienne n'ayent vuidé et arrangé leurs différends avec la République de Pologne par la concurrence et les bons offices des Cours Pruſſienne et Ottomanne, et avant que la Cour de Ruſſie ne s'arrange avec la Cour de Pruſſe ſur leurs différens par rapport aux affai-

reconquiſe, et ſelon la ratification (p. 44) il ne l'a ſtipulé que pour les Provinces, que la Porte auroit perdues dans la préſente guerre et par conſéquent pas, *pour la Crimée*, qui a été perdue par les Turcs déjà dans la guerre précédente.

affaires de Pologne, les Cours Ottomanne et Pruſſienne ne doivent pas faire la paix avec les Ruſſes et les Autrichiens, ni rendre les pays pris ſur les ennemis. Pour que les Cours Ottomanne et Pruſſienne parviennent à leur but, elles promettent, que la paix à conclure avec les Ruſſes et les Autrichiens doit ſe faire par la concurrence et les bons offices de l'Angleterre et de la Hollande. Les dites Cours ne doivent pas retarder la paix. Mais en tout cas, quand les Cours Ottomanne et Pruſſienne feront le Traité de paix ſous la médiation des deux Cours mentionnées, elles doivent comprendre dans la paix la Cour de Suède et la République de Pologne. Particulièrement la Cour de Pruſſe, étant voiſine des Cours belligérantes, la Cour Ottomanne promet de ſon côté, que les affaires touchant la ſureté et les intérêts des Polonois et des Pruſſiens doivent être arrangées; et la Cour de Pruſſe promet de ſon côté, que les affaires touchant la ſureté et les intérêts de la Cour Ottomanne doivent être arrangées.

Article IV.

Après que la paix définitive ſera faite de la manière ſusmentionnée, le Roi de Pruſſe s'engage et promet de garantir le poſſeſſion des pays, qui lors de la concluſion de la paix reſteront entre les mains de la Cour Ottomanne, et de tâcher de faire accéder à cette garantie l'Angleterre, la Hollande, la Suède, la Pologne, et d'autres Cours desirées. Alors le Roi de Prusse et l'Empereur Ottoman feront une nouvelle alliance défensive, laquelle pour la sureté des pays, que les deux Cours, c'est à dire, la Cour de Prusse et Ottomanne auront possèdés lors de la conclusion de la paix, doit contenir la garantie réciproque de la possession de tous leurs pays. Pour cet effet les Cours Prussienne et Ottomanne promettront, que si les Cours Autrichienne et Russienne fesoint la guerre à ces deux Cours, la Cour Ottomanne et celle de Prusse doivent s'assister l'une l'autre de toutes leurs forces, ou d'un certain nombre de troupes à fixer, tout en conséquence des articles de l'alliance, dont on fera convenu. Mais si avant que cette alliance défensive fera conclue, une Cour quelconque en haine du présent Traité, fesoit la guerre aux Cours Prussienne et Ottomanne, alors les deux Cours alliées doivent s'assister l'une l'autre de toutes leurs forces; et avant que les Cours Prussienne et Ottomanne n'ayent fait une paix conforme à leur honneur et avantageuse à leurs intérêts, les Cours Prussienne et Ottomanne ne doivent pas se désister de la guerre. Enfin, les traitemens et les concessions statués à l'égard des François et des Anglois dans les possessions Ottomannes doivent aussi être statués à l'égard des Prussiens.

Art.

Art. V.

Les ratifications du préfent Traité doivent être échangées à Conftantinople dans cinq mois, ou plutôt fi faire fe pourra.

En foi de quoi, Nous Confeiller privé de Sa Majefté le Roi de Pruffe, et Son Envoyé Extraordinaire et Miniftre Plénipotentiaire près la fublime Porte Ottomanne, en vertu du plein pouvoir, qui Nous a été confié, avons figné le préfent Traité d'amitié, d'union et d'alliance, y avons appofé le fceau de nos armes et l'avons remis à Meffieurs les Plénipotentiaires de la Cour Ottomanne contre un Exemplaire en langue Turque, figné auffi et fcellé par les dits Plenipotentiaires en vertu de leurs pleinpouvoirs. Fait à Conftantinople le trente et un Janvier. Mille fept cent quatre vingt dix, ftyle nouveau.

(L.S.) Muhamed Rafchid. Reis Effendi. (L.S.) Chatfchi Muftaffa Affur. Kadileskjer de Romélie. (L.S.) Henri Frédéric de Diez.

Nous avons approuvé, confirmé et ratifié le fusdit Traité d'alliance, comme Nous l'approuvons, le confirmons et le ratifions par la préfente, promettant en foi et parole de Roi, d'accomplir, d'exécuter et de faire obferver le fusdit Traité, autant u'il fera en notre pouvoir, et que les circonftances ſe permettront, ſourtout pour faire reſtituer à la ſublime Porte Ottomanne les provinces qu'elle a perdues dans la *préſente* guerre, comme nous avons déjà rempli la partie eſſentielle du ſusdit Traité, en faiſant avancer nos armées jusqu'aux frontières de l'Autriche et de la Ruſſie et en nous mettant Nous même à leur tête, pour pouſſer la guerre avec toutes Nos forces, ou pour procurer par une négociation armée une paix honorable, avantageuſe et ſolide à la Haute Porte Ottomanne. En foi de quoi nous avons ſigné cette Ratification de Notre main et y avons ſais appoſer le grand ſceau de Nos armes Royales. Fait et donné au quartier général de Notre armée à Schönwalde le vingt Juin l'an mille ſept cent quatre vingt dix et de Notre règne la quatrième.

Fréderic Guillaume

Roi de Pruſſe

E. F. Comte de Hertzberg.

Traduction de la Ratification Turque du Traité d'alliance du 31. Janvier 1790. conclu à Conſtantinople entre le Roi de Pruſſe et la Porte Ottomanne,

Selim fils de Muſtaffa Chan.

Nous par la grace particulière de Dieu et par les mérites extraordinaires du Prophète, Souverain et Maître

Maître du plus excellent pays, et des plus belles Provinces, et des villes les plus heureuſes, particulièrement de celles de Mecka, de Medine, et de Jeruſalem protégée de Dieu, desquelles je ſuis le ſerviteur et le maitre, et des plus renommées Conſtantinople, Adrianople et Bruſſa, de Damas, du Caire, de toute l'Arabie, de l'Afrique, de Barka, Kairiwan, Alep, de l'Irake, de la Perſe, de Lychſa, de Dillem, de Rypka, de Muſſul, de Diarbeckir, de Sulcadrie, du pays d'Erſerum, Siwas et Adana, Caramane, Wan, Magrip, de l'Abyſſinic, de Tunis, Tripoli, de la Syrie, de Cypre et Rhode, de Candie, de la Morée, de la Mer blanche et de la Mer noire, d'Alger avec ſes territoires, de tous les pays d'Anadolie et de Romélie, et particulièrement de Bagdad et du Kurdiſtan, de la Tatarie, de la Circaſſie et du Cabartha, de la Georgie, de Kaptſchak et de tous les Tatares qui ſont dans cette contrée, du Daghinak, d'Ojmakan, de la Bosnie et de la fortereſſe de Belgrade, et de toutes les fortéreſſes qui ſe trouvent dans cette province, de l'Albanie, de la Wallachie et de la Moldavie, avec tous leurs diſtricts et de pluſieurs autres lieux, qui ne ſont pas mentionnés.

Ici ſuit le Traité en entier.

C'eſt ainſi que conformement aux ſtipulations ſusmentionnées, le Traité échangé de la part des ſusdits Plénipotentiaires de notre Cour, a auſſi été con-

 firmé

firmé et agrée, et que toutes les ſtipulations ont été pleinement ratifiées de la part de notre Majeſté Impériale, tellement qu'auſſi longtems que la Cour de Pruſſe ne fera pas de démarches contre les ſtipulations qu'Elle a confirmées, il ne ſe fera non plus de demarches contraires à cette alliance, ni de la part de notre Majeſté Impériale, ni du côté de nos louables ſucceſſeurs, Wezirs et autres perſonnes de nos armées ſans diſtinction, en quoi le grand Dieu nous aidera.

Note. C'eſt ici l'endroit, où il ſera à propos. de donner les explications néceſſaires ſur ce traité d'alliance entre la Pruſſe & la Porte Ottomanne, qu'on a voulu faire paſſer pour *offenſiv*, mais qui dans le fond & ſelon ſon but n'a été que *défenſiv*. On donnera à cette occaſion un précis, de ce qui a précédé & amené les traités de *Reichenbach* & de *Sziſtova*, pour lequel effet il conviendra de remonter à des époques antérieures. Ceux, qui ont ſuivi avec attention les événements du règne de Fréderic II. auront obſervé, que ce grand homme d'Etat & de guerre, après avoir augmenté ſa puiſſance par la conquête de la Siléſie dans ſes deux premières guerres, & l'avoir conſolidée & miſe hors de danger par la fameuſe guerre de 7. ans, a eu pour principal but de ſa politique depuis la paix de *Hubertsbourg* concluc en 1763. d'établir & de maintenir un certain équilibre de pouvoir en Europe, tant par l'uſage toujours promt & vigoureux de ſes propres forces, que par des alliances avec d'autres Puiſſances, qui ont des intérêts analogues à ceux de la Pruſſe. C'eſt pour cet effet, qu'il contracta d'abord après la paix de Hubertsbourg une alliance étroite avec l'Impératrice de Ruſſie, laquelle a été prolongée & conſervée jusqu'en 1789. Le but de cette alliance fut au commencement de pacifier la Pologne par l'election

tion du Roi Stanislas Auguste, de rendre ce royaume utile à ses alliés & à l'équilibre du Nord & de faire cesser les troubles de la confédération de Bar, lesquels donnèrent lieu *au fameux partage de la Pologne,* dont Frédéric II. n'a pas été le premier auteur, comme on croit communément, & qu'il tâcha même de faire servir à l'équilibre du pouvoir et à une certaine égalité entre les trois Puissances partageantes, ce qui a pourtant le moins réussi à la Prusse par la précipitation qui y fut mise, circonstances qui sont très vraies, mais qui pour être bien entendues exigeroient un plus grand détail historique, que la place ne permet ici. Les Turcs ayant commencé une guerre avec la Russie en faveur des Confédérés Polonois, & l'ayant fait fort mal, le Roi s'intéressa dès lors pour leur procurer une paix supportable et il y contribua par sa médiation au Congrès de Foczani, ce que la cour de Vienne fit aussi par le Traité *secret,* qu'elle conclut avec la Porte Ottomanne, peu avant le partage de Pologne. Frédéric II. donna des preuves encore plus éclatantes de sa vigilance généreuse pour la balance du pouvoir, en s'opposant hautement en 1778. au démembrement de la Bavière, & en le faisant tomber par son expédition en Bohème & par la paix de Teschen. Il continua à le faire en contrecarant en 1784. le projet du *troc de Bavière,* par ses déclarations vigoureuses, & par la célèbre *Ligue germanique,* qu'il conclut en 1785. avec les principaux Membres patriotiques de l'Empire, qui sera un monument éternel de son patriotisme teutonique & constituera avec les Traités de Westphalie & de Hubertsbourg la plus forte garantie de la sureté & de la constitution de l'Empire germanique, aussi long tems que cette *association* sera conservée dans sa *pureté primordiale.* Frédéric II, non content d'avoir établi l'équilibre du coté de l'Orient et en Allemagne, porta aussi la même attention du coté du *Sud* & s'intéressa vivement, pour faire rendre à la République de Hollande sa tranquillite & sa liberté par une intervention forte en Hollande & envers la Cour de France, & par des propositions équitables, lesquelles, si elles avoient

 été

été admises, auroient apparemment prévenu la Révolution qui arriva ensuite après la mort de ce Monarque. Son successeur, le Roi Frédéric Guillaume II, a adopté le même plan, de maintenir l'équilibre du pouvoir. Il l'a même rétabli dans le *Sud* de l'Europe par cette expédition prompte & heureuse, que le Duc de Brunswic fit en 1787. avec une petite armée Prussienne en Hollande, & par la *Révolution*, qui en résulta & qui a rendu à la Maison de Nassau-Orange le Stadhouderat, à la République sa tranquillité & sa liberté, à l'Angleterre son influence en Hollande & la connexion avec cette République, avec l'Allemagne & tout le continent de l'Europe & même la supériorité dans les Indes-Orientales *), avantages qu'elle avoit presque tous perdu par la trop grande influence de la France en Hollande, & qu'elle a regagné par la

*) Si l'on vouloit douter de cette assertion & la régarder comme un paradoxe, on n'a qu'a considérer d'après les cartes géographiques, que l'Angleterre n'avoit pas la communication libre entre les grands établissemens qu'elle a dans les deux Péninsules de l'Inde, aussi long tems que les François ayant une influence décisive dans le gouvernement de Hollande, étoient maitres du port fortifié de *Trinconomale* que les Hollandois possèdent dans l'ile de Céilan, & pouvoient y placer une flotte & arrêter & combattre les flottes Angloises, comme l'Admiral François Suffren a fait tant de fois dans la guerre précédente. Les Anglois ayant à present le même avantage à la place des François, ils sont entièrement maitres du Golfe Indien; leur grand & vaste Empire dans l'Inde, qui repare amplement la perte de l'Amérique, est fondé sur une base très solide & leurs rivaux les François sont réduits à un état précaire des factories dans l'Inde, & payent très cher en Asie & même en Europe, par la présente Révolution, la perte qu'ils ont causé aux Anglois en Amérique. Je crois qu'il est permis à un Prussien cosmopolite, de faire valoir sans exagération & sans vanité, les grands services, que la Prusse a rendus à l'Angleterre par la Révolution de la Hollande par un coup de main assés hazardé & pour lesquels services gratuis elle peut attendre un juste retour dans les occasions.

la susdite Révolution. Après ce grand évènement, la Prusse & les deux Puissances maritimes ont pu faire & ont fait en 1788 cette *alliance défensive*, qui constitue la base de leur *sistème fédératif*, calculè & très propre, non seulement pour leur défense réciproque, mais aussi pour celle de toutes les puissances qui sont dans les mêmes intérêts & principes, & pour maintenir par conséquent l'équilibre politique de toute l'Europe.

L'équilibre du pouvoir ayant été ainsi rétabli dans le *Sud de l'Europe*, le Roi crut devoir en prendre le même soin du coté de *l'Orient & du Nord*, & en faire l'application, dans le cas encore plus dangereux pour la Prusse qui vint à se présenter par la guerre qui s'éleva en 1788. entre la Porte Ottomanne & la cour de Russie, & à laquelle la cour de Vienne prit part ensuite. Le *Roi de Suède* ayant pris part à cette guerre en faveur de la Porte Ottomanne dans l'été de 1788. la cour de Russie engagea celle de *Danemarc* à lui faire une diversion du coté de la Norvegue; mais le Roi trouva moyen d'arrêter la rupture par des Déclarations faites à propos, & de concert avec l'Angleterre, au mois d'Oct. 1788. & de faire même conclure la *Neutralité* entre la Suède & le Danemarc, ce qui délivra le Roi de Suède d'un grand danger & prévint une guerre générale dans le Nord & le bouleversement de son équilibre. Le Roi rendit le même service à la Porte Ottomanne & *à la République de Pologne*, en empêchant par des Déclarations vigoureuses faites à Varsovie, à la fin de 1788 que la République ne se laissât pas entrainer dans une Alliance *offensive* contre les Turcs & qu'elle put rétablir son indépendance. (V. le second Volume de ces *écrits publics* P. 476. — 494.) Pendant que le Roi empecha ainsi l'extension de la guerre dans le Nord & vers l'Orient, il fit aussi tout son possible, pour rétablir la paix entre la Porte Ottomanne, la Suède & la Russie & leur offrit sa médiation pour cet effet. La cour de Russie déclina constamment toute médiation, & ne voulut admettre que les bons offices de la Prusse & de ses alliés, pour engager la Porte & la Suède à

 faire

faire la paix, en lui donnant la ſatisfaction qu'elle demandoit pour leur aggreſſion, ce qui étoit difficile à obtenir. Le Roi propoſa même à la cour de Ruſſie, au commencement de l'année 1789. le renouvellement de *ſon Alliance* avec elle, qui finiſſoit la 30. Mars, mais l'Impératrice le déclina par une réponſe dilatoire, déterminée ſans doute par l'offre, que l'Empéreur Joſeph lui fit, de vouloir plutôt déclarer la guerre à la Porte Ottomanne pour empêcher le rénouvellement de l'alliance entre la Pruſſe & la Ruſſie. Il eſt connu que l'Empereur commença cette guerre avec peu de ſuccès; & qu'il fit de grandes pertes dans la première campagne, que le Marechal Laudon répara pourtant par la priſe de Belgrade, pendant que les Ruſſes prirent de leur coté Oczakof, & heureux dans toutes leurs entrepriſes par terre & par mer, firent la conquête de la Moldavie, & pouſſèrent les Turcs jusqu'au delà du Danube. Le danger devenant donc très éminent pour les Turcs, qu'ils ne fuſſent chaſſés de l'Europe ou autrement obligés par les progrès des deux Cours Impériales dans la campagne ſuivante, à faire une paix trop déſavantageuſe & que par ces évènemens qui ne pouvoient pas manquer, l'équilibre du pouvoir dans l'Orient de l'Europe ne fut entièrement détruit & changé à l'avantage des deux cours Impériales; le Roi crut devoir prendre des meſures promptes & efficaces pour ſauver la Porte Ottomanne, pour empêcher une tournure des affaires auſſi contraire à ſes intérêts, & auſſi dangereuſe pour la ſûreté future de la Pruſſe & de la Pologne, d'autant plus qu'on ne pouvoit pas attendre, que les Turcs euſſent une aſſiſtance ſuffiſante de leurs anciens alliés, la Suède & la France. Le Roi chargea donc vers la fin de l'année 1789. ſon Miniſtre à Conſtantinople le Sieur de Dietz de négocier & de conclure avec le Miniſtère de la Porte Ottomanne un Traité d'alliance adapté à la ſureté & aux intérêts des deux parties. C'eſt ce que le Sieur de Dietz fit par la ſignature du Traité en date du 30 Janvier 1790 qui ſe trouve ci-deſſus. Comme dans l'éloignement où ſe trouvent les deux Capitales de la Pruſſe & de de la Turquie, on n'avoit pu donner que des instructions générales au Sieur de Dietz, son Traité reçut l'air d'une alliance offensive & ce Ministre y laissa *entrer la garantie de la Crimée* au dela de ses instructions, sur les instances pressantes du Ministère Ottoman, croyant avoir pourvu au reproche qui pouvoit en résulter, en ne promettant cette garantie *qu'autant* que la Porte auroit reconquis elle-même la Crimée. On différa aussi à Berlin la ratification de ce Traité d'alliance pendant l'espace de 5 mois, pour laisser le cours libre à la médiation des Alliés & pour donner le tems aux deux cours Impériales de faire une paix équitable avec la Porte, & on ne promit dans la ratification la garantie de la Prusse que pour les Provinces, que la Porte auroit perdu dans la *présente* guerre & par conséquent pas celle de la Crimée, que la Porte avoit déjà perdu dans la guerre *précédente*. Quand on considère toutes ces circonstances sans prévention & qu'on les combine avec toute la chaîne des évènemens & avec la situation générale des affaires, on doit reconnoitre, que la cour de Berlin à tâché d'observer tout le ménagement possible envers les deux cours Impériales & que le Traité d'alliance, qu'elle a conclu avec la Porte Ottomanne, ne doit point être regardé comme *offensif* & n'a été en effet & dans le fond que *defensif*, n'ayant été conclu que pour empêcher la déstruction totale de l'Empire Ottoman en Europe, & pour prévenir les suites naturelles qui en seroient resultées pour l'équilibre du pouvoir dans l'Orient de l'Europe, & par conséquent pour la sureté de la Prusse, de la Pologne & de la Suède & pour la conservation de ces trois Etats; parceque les Turcs étant une fois chassés de l'Europe ou trop affoiblis, les deux Cours Impériales auroient non seulement reçu un trop grand accroissement de puissance du côté de l'Orient, mais elles auroient aussi pu attaquer leurs autres voisins sans avoir à craindre aucun contre-poids ou une diversion de la part des Turcs. L'Empereur Joseph sentant le danger, qui pouvoit résulter pour lui de cette nouvelle alliance entre la Prusse & la Porte, s'adressa à la cour

de

de Londres, pour lui demander le rénouvellement de leur ancienne alliance, & en même tems *la médiation de l'Angleterre seule*, pour sa paix avec la Porte Ottomanne, en déclarant, qu'il vouloit la faire en se contentant des *limites de la paix de Passarowitz:* mais la Cour d'Angleterre déclina tout rénouvellement d'alliance avec celle de Vienne pendant une guerre existante, ainsi que la médiation offerte, ne voulant s'en charger que de concert avec ses Alliés.

La scène des affaires changea par la mort de l'Empereur Joseph II., qui arriva le 20. Fevr. 1790. Son successeur Leopold Roi de Hongrie & de Bohème, craignant d'être attaqué par le Roi de Prusse, en vertu de sa nouvelle alliance avec les Turcs, fit assembler une forte armée en Bohème & en Moravie, quoique aucun Régiment Prussien n'eut encore bougé de sa garnison, mais il écrivit en même tems de sa propre main la suivante lettre amicale & pacifique au Roi de Prusse pour s'expliquer avec lui, sur ses allarmes, sur sa paix avec la Porte & sur la future conduite réciproque des deux souverains de l'Autriche & de la Prusse.

Lettre

Lettre de S. M. Leopold, Roi d' Hongrie et de Bohème, à S. M. Frédéric Guillaume, Roi de Prusse, de Vienne le 28. Mars 1790.

Monsieur mon Frère. Je crois ne pas pouvoir faire un meilleur usage des premiers moments de mon règne, qu'en les employant à témoigner à Votre Majesté le prix que je mets à Son estime, à Son amitié, au maintien du bon voisinage entre nos états, et à l'établissement d'une confiance entre Elle et moi, qui me paroit être de notre intérêt commun.

Il me semble, que je ne puis pas Lui donner une preuve plus certaine, de tous ces sentimens, qu'en Lui confiant sans réserve, comment je pense actuellement, et comment je penserai à l'avenir sur tout ce qui peut avoir trait aux grands intérêts politiques de l'Europe et aux nôtres en particulier.

La guerre actuelle, que l'obstination de la Porte nous met dans la nécessite de continuer, doit être sans doute l'un des objets principaux, sur lesquels il peut importer à V. M. d'avoir des notions exactes.

Elle

Elle les trouvera dans le *Mémoire ci-joins* *) et je me flatte, que ſi Elle en juge le contenu d'après ce qu'Elle feroit Elle même à notre place, Elle pourra n'y rien trouver qui ne ſoit juſte & raiſonnable.

Quant aux armemens, que j'ai raſſemblés en Bohème, en Moravie & en Gallicie, ils ont été une ſuite néceſſaire des bruits, qui ſe ſont répandus généralement dans l'Europe ſur l'intentión dans laquelle étoit V. M. de prendre part à cette guerre en faveur de la Porte, & de l'opinion également générale d'intentions analogues de la part de la République de Pologne, mais ſurtout des nouvelles continuelles & très circonſtanciées, lesquelles à cet égard nous parvenoient ſans ceſſe de Conſtantinople. Dans cet état des choſes, la prudence ne pouvoit pas me permettre de ne pas prendre des meſures pour la défenſe éven-

*) On n'ajoute pas ici ce Mémoire confidenciel, ni d'autres ſuivants, parce qu'ils n'ont point eu de ſuite. Ce mémoire tendoit à juſtifier la guerre de la Cour de Vienne contre la Porte Ottomanne, & contenoit la déclaration : que le Roi Leopold vouloit faire la paix avec la Porte, en ne demandant pour ſes pertes & fraix de guerre, que de garder *les limites de la paix de Paſſarowitz*, c. a. d. que la Porte lui cède & reſtitue les territòires qu'elle avoit déjà du céder à la cour de Vienne par la paix de Paſſarowitz, conclu en 1718 mais qu'elle avoit téténue par uſurpation. Les limites de la paix de Paſſarowitz contiennent la *petite Vallachie* ou la partie de la Vallachie, qui va depuis le Bannat de Temeswar jusqu'à la rivière d'Aluta, & la partie de la *Servie* qui contient la Ville de Belgrade avec la région adjacente jusqu'à la rivière de *Thimoc*, comme on trouve ces limites tracées avec une ligne jaune ſur une grande Carte du théatre de la guerre, qui a été gravée à Vienne.

éventuelle de mes états. V. M. en eut usé de même certainement en pareilles circonstances mais il ne tiendra qu'à Elle, de faire cesser la cause de ces mesures, & je lui aurai beaucoup d'obligation, si Elle veut bien ne me laisser aucun doute à cet égard.

Pour ce qui est de la dignité Impériale, V. M. verra par la lettre que je Lui adresse en même tems que la présente, mes sentimens à cet égard, ainsi que les suppositions d'après lesquelles j'ai cru pouvoir me permettre cette démarche de ma part & moyennant cela, je ne puis qu'en attendre le succès de ses sentimens pour moi *).

Quant à l'avenir, je proteste à V. M., qu'il n'entrera jamais des vuës d'agrandissement dans mon système politique; j'employerai sans doute tous les moyens, qui sont en ma puissance, pour défendre mes foyers, si j'y étois malheureusement forcé ou attaqué; mais je n'y donnerai jamais l'ombre d'un sujet légitime; je ne laisserai rien à désirer à personne en réciprocité de bons procédés, & pour ce qui est de V. M. en particulier, je ferai vis à vis d'Elle, tout ce qu'Elle voudra bien être vis à vis de moi, & je donnerai même les mains bien volontiers à tout ce qui pourra contribuer à une parfaite tranquillité d'esprit

*) Le Roi répondit par une lettre particulière, d'une manière favorable à cet article.

d'eſprit & à une entière confiance entre nous; je tâcherai dans toutes les occaſions de m'acquérir celle de mes Coëtats de l'Empire, & pour ce qui eſt de ma façon de penſer rélativement à *l'aſſociation Germanique*, je ſuis ſi éloigné des ſentimens, qu'on nous a ſuppoſés à cet égard, qu'en cas qu'on juge à propos de m'inviter à y prendre part, j'y accèderai ſans difficulté, pourvû que toutes les ſtipulations quelconques en ſoyent rendues communes & parfaitement réciproques entre tous les aſſociés.

J'ai toute ma vie fait profeſſion de loyauté & de modération: je viens de donner une preuve non équivoque de ces ſentimens par la démarche, à laquelle je me ſuis déterminé vis à vis de mes ſujets belgiques; j'eſpère que toute l'Europe l'apréciera à ſa juſte valeur, que comme il s'agit en cette occaſion d'une cauſe commune à tous les Souverains, elle pourra les intéreſſer en ma faveur & que par conſéquent, s'il arrivoit, que par les états & les peuples des Pays-Bas, cet acte de ma ſollicitude pour leur proſpérité à venir, venoit à ne point être accueilli, comme il devroit l'être de leur part, qu'ils m'obligeaſſent à récourir aux moyens que mon devoir, droit & honneur de ſouverain me forceroient bien à regret à employer, il ne ſera perſonne, qui puiſſe ne pas trouver pareille détermination juſte & raiſonnable dans ce cas.

Je

Je me flatte, que V. M. recevra toutes ces ouvertures amicales & confidencielles de ma part, d'une façon conforme à la droiture des intentions qui m'y ont déterminé. La haute opinion que j'ai du caractère personnel de V. M., me fait espérer, que j'aurai rempli mon objet, en me faisant connoître à Elle par cette explication tel que je suis & serai toujours, & dans cette attente je suis avec la plus haute considération & bien cordialement

Monsieur mon frère

de Votre Majesté

Vienne le 25. Mars 1790.

le bon frère

Leopold.

Cette lettre ayant été remise au Roi de Prusse par le Prince Reuss, S. M. y répondit sur le champ, aussi de sa propre main par la lettre suivante.

Lettre de S. M. Frédéric Guillaume, Roi de Prusse, à S. M. Leopold, Roi d'Hongrie & de Bohème. Berlin le 15. Avril 1790.

Monsieur mon Frère. J'ai reçu avec la plus grande sensibilité la lettre du 25. de Mars, que V. M. m'a fait remettre par Son Ministre le Prince Reuss. Je m'empresse de Lui dire, que je suis véritablement touché des sentimens personnels, que V. M. me témoigne & que la haute opinion, que j'ai de Sa personne & de la loyauté de Son caractère me les fait apprécier à la plus haute valeur.

Je remercie Votre Majesté, & je suis très flatté de la confiance qu'Elle me marque; je m'en croi autorisé d'y repondre avec la même franchise. Goûter & faire gouter à mes peuples les avantages de la paix; vivre dans la meilleure harmonie avec mes voisins; déraciner jusqu'au germe de cette rivalité, qui fait ordinairement d'une nation l'ennemi naturel de celle, qui est sa voisine, ce sont des occupations qui feront constamment l'objet de mes soins; & concourir dans ce moment à pacifier l'Europe, fait toute mon ambition. Je n'aurai jamais celle des conquétes; voilà ma profession de foi. Comme celle que Votre

Majeste

Majesté me fait dans Sa lettre répond si bien à la mienne, il peut en résulter une source de prospérité pour nous & pour nos peuples, & il ne s'agit que d'écarter les objets de défiance mutuelle, qui existent jusqu'ici.

Votre Majesté sait combien les circonstances sont impérieuses; telles ont été celles, auxquelles seules il faut attribuer le bruit, comme si j'étois dans l'intention de prendre part à la guerre en faveur de la Porte Ottomanne.

Je ne retracerai pas l'origine et la marche de la guerre actuelle; mes efforts réiterés pour la faire finir sont aussi connus de Votre Majesté que leur peu de succès. Du refus constant d'accepter notre médiation ou de ce qui équivaloit un refus, & du systême d'alliance forcée, qu'on vouloit faire adopter à la République de Pologne devoit résulter d'un côté un état extrêmement gêné pour moi, & de l'autre une paix trop désavantageuse pour la Porte, ou sa ruine totale. L'un & l'autre influoit sur le sort de la République de Pologne, ma voisine immédiate, & sur celui du Roi de Suède, mon parent, détruisoit l'équilibre du Nord & de l'Orient, & en promettant des avantages considérables à deux Cours, dont j'ai cru devoir apprécier les sentimens à mon égard, d'après le peu d'accueil fait aux offres de ma médiation combinées avec celles de mes alliés, ne me préfageoit qu'un avenir inquiétant & m'ifolant de tout côté & en m'environnant de voifins tous attachés ou fubordonnés à un même fyftême qui me fourniffoit auffi peu de fureté que de liberté. Refponfable envers mon peuple, pouvois-je dans ces circonftances refter fpectateur tranquille? La prudence ne me prefcrivoit-elle pas, de prendre mes mefures? J'en appelle volontiers à V.M. de ce qu'Elle auroit fait à ma place. Eut-Elle attendu les évènemens? Mes mefures ont été prifes avant l'avènement de V.M. au thrône, & dans un tems, où celles de Son prédeceffeur avoient infpiré les plus juftes inquiétudes, qui font augmentées & qui fubfiftent encore par les fortes prétentions que l'Allié de V.M. continue de mettre pour bafe immuable de la pacification. Toutes ces circonftances m'ont engagé à prendre des engagemens avec la République de Pologne, & d'autres qui me font également facrés, mais qui me laifent encore quelque tems & l'occafion de répondre au défir que V.M. me marque de voir la paix rétablie & affurée, qui fait également l'objet de tous mes voeux, pourvuqu'elle le foit à des conditions juftes & telles qu'elles puiffent conferver l'équilibre du Nord & de l'Orient & procurer à toutes les Puiffances, qui prennent part à cet équilibre, une exiftence fure, honorable & non pré-

précaire. Il eſt naturel, qu'un but auſſi grand ne ſauroit être atteint que par une pacification générale. Je croirois, qu'il dépendroit de V. M. & de l'Impératrice de Ruſſie, ſon alliée, ſeules, d'y contribuer le plus, ou en adoptant pour baſe d'une pacification générale ce que le Roi de la Grande-Brétagne, mon allié, vient de propoſer à V. M., comme il vient de me le communiquer, ſavoir le rétabliſſement du *ſtatus quo*, tel qu'il a été avant la préſente guerre entre les Puiſſances actuellement belligérantes, ou ce qui vaudroit mieux à mon avis, qu'on faſſe un arrangement général qui concilie par des échanges proportionnées, des équivalens & des compenſations, les intérêts des Puiſſances, qui prennent part aux troubles préſens de l'Orient & du Nord, ſelon quelque plan, qui me paroit très poſſible & peu difficile, & qui écarteroit pour toujours tout ſujet de défiance & de jalouſie mutuelle entre les dites Puiſſances, & pourroit devenir la baſe permanente de l'équilibre & d'une paix conſtante dans cette partie de l'Europe, & c'eſt ſur quoi on s'eſt expliqué d'une manière plus particulière tant verbalement envers le Miniſtre de V. M. que par la réponſe, que je donne au mémoire confidenciel que V. M. m'a fait parvenir à la ſuite de ſa lettre.

Si V. M. veut bien adopter une de ces deux propoſitions, il ne ſera pas difficile de faire ceſſer les inquiétudes, qui ont été causées de part & d'autre par des armemens, lesquels ont été commencés de son côté sur de simples ouidire & sans qu'un seul de mes Régimens ait bougé de sa garnison, tandisque V. M. a fait assembler une armée nombreuse sur les frontiéres de la Silésie, ce qui a du naturellement exciter mon attention & m'éngager à prendre aussi de mon coté les arrangemens nécessaires pour ma sureté.

Lié avec les deux Puissances maritimes, d'un côté, & avec la Porte & la Pologne, de l'autre, V. M. peut sentir, combien peu je puis agir seul, & que dans ce moment je ne puis que Lui offrir les assurances de mes bonnes & sincères dispositions, à concourir avec mes alliés à ce qui peut Lui être agréable, mais je dois attendre, qu'Elle m'en fournisse les moyens, & les circonstances paroissent n'admettre que peu de délai. C'est aux entraves de ma position actuelle, que je prie V. M. d'attribuer, que je n'entre pas dans des explications plus positives. Ma disposition à La convaincre des sentimens que je Lui porte, n'aura point de bornes, & une fois dégagé de ces entraves, je m'appliquerai à ne pas Lui laisser de doute sur le pied, sur lequel je désire qu'Elle veuille bien être constamment vis-à-vis de moi, qui sera celui de la plus vraye fraternité dont je porte dès à present tous les sentimens à V. M. Je me flatte, qu'elle Se persuadera de la sincé-

ſincérité de ces aſſurances & dans cette eſpérance, je ſuis avec la plus haute conſidération & bien condialement

de Votre Majeſté

Berlin, le 15. Avril 1790. le bon Frère

Frédéric Guillaume.

La Cour d'Angleterre ayant fait ſur ces entrefaites, tant aux quatre Cours belligérantes, qu'à celle de Pruſſe la propoſition d'un *armiſtice général*, le Roi d'Hongrie ne fit d'abord au Roi de Pruſſe qu'une *reponſe dilatoire*, en alléguant qu'il vouloit attendre le ſuccès de cette propoſition & ſe concerter en attendant avec ſon alliée l'Impératrice de Ruſſie.

Lettre du Roi d'Hongrie & de Bohème au Roi de Pruſſe. Vienne le 28. Avril 1790.

Monſieur mon Frère, Dans l'état critique & compliqué auquel j'ai le regrêt de voir que les affaires générales ſont parvenues, je reſſens du moins une vraie ſatisfaction, de ce que V. M. non ſeulement rend juſtice à mes ſentimens perſonnels envers Elle, ainſi qu'aux principes modérés, francs & loyaux que je professe en politique, mais qu'Elle trouve aussi les uns & les autres si conformes à ses propres principes & sentimens envers moi, que nos sujets peuvent réellement s'en promettre quant à l'avenir les douceurs d'un voisinage tranquille & réciproquement avantageux. Mais je suis de plus infiniment persuadé qu'avec de telles dispositions au fond de nos coeurs, quelles que soyent les difficultés des circonstances actuelles, il est impossible que le désir & les moyens de nous accorder ne prévalent sur tous les obstacles. C'est dans ces sentimens que j'ai lu & apprécié les ouvertures qui viennent de m'être faites de la part de V. M. en réponse aux miennes, & que je Lui promets de m'en expliquer de mon côté envers Elle, sans y m'ettre d'autre délai que celui qui résulte de la chose même. Tant Elle, que la cour de Londres, desirent un accommodement général & V. M. me témoigne en conséquence ne pouvoir agir seule ni s'expliquer positivement sans s'entendre avec ses alliés. Les mêmes considérations m'obligent de communiquer avec mon allié l'Impératrice de Russie sur des propositions qui nous concernent tous les deux. Ce préalable est d'autant plus nécessaire, & d'ailleurs d'autant moins sujet à inconvenient, que S. M. Britannique vient de faire tant ici qu'à Petersbourg,

la

la nouvelle propofition *d'un Armiftice général* des Puiffances belligérantes, fur laquelle il eft indifpenfable que nous nous concertions mon allié & moi avec tout l'égard & la confiance due aux foins, que le Roi d'Angleterre veut bien fe donner de fon côté pour rétablir le tranquillité générale. Quoiqu'il en foit, j'ai tout lieu de penfer, que la cour de Ruffie partagera mes difpofitions modérées & conciliantes, & tout me confirme ainfi dans l'efpoir qu'il ne fera pas difficile de convenir, foit d'une façon foit de l'autre, des termes qui puiffent ramener une prompte paix, prévenir l'extenfion de la guerre en appaifant tous les fujets d'appréhenfion fur le maintien de l'équilibre, & concilier en un mot les intérêts généraux d'une manière fatisfaifante & équitable. Je puis affurer en même tems V. M. qu'indépendamment de toute autre confidération, je compterai pour le plus grand des avantages qui pourroient m'écheoir celui de m'affurer Son amitié. Ce fentiment fi conforme aux rapports mutuels qui fe rencontrent dans notre façon de penfer, l'eft indublitablement auffi au bien être des Pays, dont la Providence a confié le bonheur a nos mains. Mon defir de l'établir fur un pied folide & mutuellement avantageux entre nous, eft donc auffi fondé, qu'il eft fincère;

il eſt à l'egal de la haute conſidération avec la quelle je ſuis &c.

Monſieur mon frère

de Votre Majeſté

Vienne le 28. Avril 1790.

le bon frère & Couſin
Leopold.

Le Miniſtre Autrichien ayant remis cette lettre au Roi dans une audience qu'il eut le 4 de Mai à Potsdam, Sa Majeſté y fit de Sa propre main la reponſe ſuivante, qui fut envoyée à Ses Miniſtres à Vienne & remiſe par ceux-ci au Miniſtère du Roi d'Hongrie.

Lettre du Roi de Pruſſe au Roi d'Hongrie & de Bohème. Berlin le 9. de Mai 1790.

Monſieur mon Frère. La ſeconde lettre que V. M. m'a fait l'honneur de m'écrire en date du 28. d'Avril, ranime en moi cette eſpérance, qu'Elle veut bien me donner Elle-même dans la ſusdite lettre d'une manière ſi expreſſive, en diſant, qu'on pourra trouver de façon ou d'autre, des termes, qui puiſſent ramener une prompte paix, prévenir l'extenſion de la guerre, en appaiſant tous les ſujets d'appréhenſion ſur le maintien de l'équilibre & concilier en un mot, les intérêts généraux d'une manière ſatisfaiſante & équi-

équitable, Si V. M. veut bien appliquer ces principes aux ouvertures que je Lui ai fait faire, & furtout *au projet conciliatoire*, il me femble qu'Elle ne devroit pas balancer de les accepter & tâcher auffi de les faire agréer à fon auguſte Alliée, puisqu'elles font propres, à faire la base d'une paix folide, qu'elles ne dérogent ni à leurs grands intérêts, ni à leur dignité & qu'elles affureroient à V. M. la reconnoiffance & la confiance de tous fes voifins & la mienne en particulier, en écartant les differens objets de défiance & de jaloufie nationale, qui ne peuvent pas manquer, de fubfifter auffi longtems, que dure le préfent ordre de chofes. Je fens bien, que V. M. peut avoir Ses raifons de prendre un délai pour fe concerter avec fon alliée S. M. l'Impce de Ruffie fur des objets auffi importans; mais je La prie inftamment, de me procurer auffitôt que poffible une réponfe claire & pofitive, afin que chacun puiffe prendre le parti, que les circonftances lui dictent. J'ai des engagemens, que je ne puis plus long tems différer de remplir, je me trouve dans une fituation gênée, qui reffemble plutôt à un état d'armiftice que de paix. J'efpère que V. M. voudra l'obferver auffi de Son côté, en ne pas pouffant pendant cet intervalle Ses opérations militaires contre ceux, au fort desquels je dois m'intéreffer. Si V. M. vouloit agréer l'effentiel des propofitions, que je Lui ai fait faire dans les meilleures

in-

intentions, nous pourrions en faire des préliminaires pour servir de base à une pacification générale, en renvoyant les modifications à un Congrès, & convenir en attendant d'un armistice pour travailler ensuite d'autant plus librement à la dite paix générale sous la médiation de quelques Puissances neutres & amies. Des arrangemens de cette nature, pris entre nous d'une manière préalable, mais prompte & positive, épargneroient à V. M. comme à moi, ainsiqu'à nos sujets respectifs des fraix & des fardeaux immenses, & ne laisseroient des deux cotés aucun sujet de régrêt & d'incertitude. *Je m'en suis expliqué envers le Ministre de V. M. le Pce Reuss* d'une manière si claire & si franche, que quand il en rendra compte, il ne pourra rester à V. M. aucun doute ni sur ma loyauté, ni sur mon désir sincère de cultiver Son amitié, ni sur la fermeté de mes résolutions pour tous les cas possibles. Je n'en prendrai point de plus agréables pour moi que celles, qui pourront assurer pour jamais des liaisons indissolubles entre les deux maisons, & me mettre en état de prouver en toute occasion les sentimens de la plus parfaite amitiè & estime, avec les quels je suis & désire d'être invariablement

Monsieur mon frère

de Votre Majesté

Berlin le 9. Mai 1790. le bon frère & Cousin

Frédéric Guillaume.

Points

*Points essentiels de Conciliation qu'on propose**).

1. Que les deux Cours de Vienne & de Petersbourg restituent à la Porte Ottomanne, les païs qu'elles ont conquis sur Elle, entre le Danube & le Dniester; mais

*) Ces points furent communiqués par le Roi au Ministre Autrichien le Prince Reuss dans l'audience qu'il eut, lorsqu'il remit à Sa Majesté la lettre du Roi d'Hongrie du 28. Avril. On n'a qu'à lire ces points, avec de bonnes cartes géographiques à la main, pour se convaincre, que le Roi a eu l'intention sincère de procurer par ces propositions à la Pologne la restitution de la meilleure partie de la Gallicie avec les Salines, de laisser à la Cour de Vienne une bonne partie de la Gallicie contigue à l'Hongrie, & de lui procurer un équivalent suffisant de ce qu'elle rendoit à la Pologne, en lui faisant céder par les *Turcs* les limites de la Paix de Passarowitz, aussi étendues & fertiles que nécessaires à l'Hongrie pour sa sureté & sa défense, par la forteresse de Belgrade & les rivières du Danube & du l'Aluta, ainsi que de procurer à la Cour de Russie la possession sure & tranquille de la Crimée, à la quelle on auroit pu ajouter dans le cours des Négociations le pays d'Oczakof plus nécessaire à la Russie qu'à la Porte, & que le Roi en procurant à la Pologne la restitution de la meilleure partie de la Gallicie à ses fraix & risques, ne demandoit pour lui que la cession des Villes de Dantzig & de Thorn, inutiles & même onéreuses à la Pologne, & qu'il n'auroit fait perdre à la Porte que les extremités de son territoire nullement nécessaires pour sa sureté, & dont la perte auroit été suffisamment compensée par la garantie de son existence en Europe dont la Prusse & ses alliés se seroient chargés & par la force additionnelle qu'elle procuroit à son véritable allié le Roi de Prusse, en lui facilitant, par le sacrifice insignifiant des limites de Passarowitz l'acquisition des Villes de Dantzig & de Thorn, qui est absolument nécessaire à la Monarchie Prussienne.

mais que la cour de Vienne garde cette partie de la Vallachie & de la Servie quon appelle *les limites de la paix de Paſſarowitz.*

2. Que la cour de Vienne reſtitue à la Cour de Pologne la Gallicie, mais qu'elle en garde le diſtrict de *Zips* ou de *Spiz* & le païs de *Pocoutie & de Halicz c. a. d.* cette partie de la Gallicie, qui s'étend de l'Hongrie & de la Tranſylvanie juſqu'à la rivière de *Dnieſter* & à celle de *Stry* depuis l'endroit où elle tombe dans le Dnieſter.

3. Si S. M. le Roi d'Hongrie reſtitue la partie ſusdite de la Gallicie, qui eſt en deça du Dnieſter & les monts Carpathes à la République de Pologne, à condition, que la République s'arrange avec le Roi ſur *Dantzig & Thorn,* S. M. tâchera de diſpoſer la Porte Ottomanne, à renoncer pour jamais à la *Crimée & aux limites de la paix de Paſſarowitz* en lui aſſurant ſes poſſeſſions tranquilles du côté de la mer noire & depuis le Dnieſter, & il n'empêchera pas que le Roi d'Hongrie ne puiſſe recouvrir les Pays-bas, & Elle Lui aſſûrera auſſi *Sa voix Electorale;* mais il eſt néceſſaire, que le Roi ſoit aſſuré bientôt & avant la fin de Mai, que ces conditions ſoyent acceptées. S. M. eſt perſuadée, qu'elles ne font aucun tort réel à la cour de Vienne, qu'elles lui fourniſ-

fourniſſent un équivalent ſuffiſant pour la partie de la Gallicie qu'elle pourra retrocéder, que c'eſt le ſeul moyen d'aſſurer l'équilibre de l'Orient & la ſureté de la Monarchie Pruſſienne & d'écarter tout ſujet de jalouſie entre les maiſons d'Autriche & de Pruſſe; S. M. le regarderoit comme un ſacrifice, que S. M. le Roi d'Hongrie feroit au bonheur des deux Etats & à la tranquilité des nations, & de toute l'Europe.

Il ſemble que ſi ces points étoient préliminairement arrangés entre les Cours de Vienne & de Berlin, il y auroit bien moyen d'amener une paix honorable & juſte entre S. M. l'Impératrice de Ruſſie & la Porte Ottomanne, en aſſurant à la première la poſſeſſion tranquille de la Crimée. Le Roi ſe promet de la grandeur d'ame du Roi d'Hongrie, que s'il ne veut pas accepter ces points préliminaires, il ne voudra du moins pas en faire un uſage contraire aux intérêts & aux bonnes intentions de S. M.

Le Roi d'Hongrie répondit à la lettre précédente du Roi de Pruſſe bientot par la lettre ſuivante également dilatoire, en date du 25. de Mai 1790.

Troiſième

Troisième lettre du Roi d'Hongrie & de Bohème, au Roi de Prusse. De Vienne le 25. Mai 1790.

Monsieur mon Frère. Quoique je n'aye pû recevoir encore les réponses de mon allié rélatives à notre concert mutuel sur l'objet de la pacification, je ne mets point de délai à répondre à la lettre de V. M. du 9. de ce mois, pour Lui confirmer, que je persiste dans les sentimens témoignés dans mes précédentes, ainsi que dans la confiance, que le rétablissement de la tranquillité générale s'arrangera facilement & promptement. Je me flatte, que V. M. ne doute point de la sincérité de mes assurances & de mes vues, je n'hésite toutes fois point, afin de la mettre dans une évidence complette, d'anticiper sur le moment de la négociation formelle, en Lui communiquant par le papier ci-joint quelques *réflexions préalables* sur les deux bases que V. M. m'a proposées en les étendant à différentes ouvertures qui ont été faites à cette occasion de bouche & par écrit à mon Envoyé extraordinaire le Prince de Reuss. Je compte d'autant plus que V. M. les appréciera avec justice & amitié, que le seul but qui m'engage à les Lui communiquer est celui de faciliter & d'abréger les

les voyes de la négociation, en m'expliquant d'avance avec franchiſe ſur les difficultés. dont j'aime à me flatter que V. M. déſire autant que moi l'applaniſſement. Elle ſait d'ailleurs, que je ſuis diſpoſé de donner les mains à un armiſtice général avec la Porte, auſſitot que l'éloignement des parties belligérantes permettra de l'établir, & je ſuis bien perſuadé, que V.˙ M. reconnoitra Elle - même, que je risquerois trop à l'obſerver en attendant de mon côté ſans être aſſuré de la réciprocité de la Porte. Je puis toutefois aſſurer V. M. que les évènemens quelconques ne changeront aucunement mes diſpoſitions actuelles, parcequ'elles tiennent à ma façon de penſer, que je mets mon bonheur à être ſincèrement ami de la paix & de la juſtice, & que ma confiance dans l'analogie des ſentimens de V. M. m'inſpire un vrai & ſincère déſir de vivre en bon ami & voiſin avec Elle. Je crois fermement ne point me tromper dans cette confiance & je me flatte de me trouver par conſéquent à même de Lui prouver invariablement & en toute occaſion l'amitié & l'eſtime la plus parfaite, avec leſquelles je ſuis

Monſieur mon frère

de Votre Majeſté

Vienne le 25. May 1790. le bon frère & Couſin

Leopold.

Réflexions préalables sur l'application des deux bases de négociation proposées par la Cour de Berlin.

La première de ces bases alternatives tend à rétablir le *status quo* des possessions respectives des Puissances belligérantes avant la guerre actuelle.

La seconde *plus avantageuse* à la Cour de Vienne combineroit ses intérêts avec ceux de la cour de Berlin, par un arrangement qui procureroit des avantages proportionnés à toutes les deux.

Réflexions sur la première base.

Le Roi d'Hongrie & de Bohème ne désire aucun accroissement de ses Etats, ni vers la Porte, ni nulle part ailleurs. Il ne désire que la conservation & la sureté de ceux que, ses ancêtres Lui ont transmis.

En proposant la limite de la paix de Passarowiz, il n'avoit en vue qu'un dédommagement modéré des pertes causées par la guerre: affermir la tranquillité future de sa frontière étoit le seul but de ce dédommagement, & les extensions de pays ou plutôt de déserts compris dans la dite limite n'auroient de valeur à ses yeux que celle de contribuer à mieux assurer ce but; ***mais si la conclusion de la paix en dépendoit absolument, Sa Majesté Apostolique se bornera à cet égard sans regrêt à la plus stricte exigeance.***

Les dispositions de Sa Majesté étant ainsi d'accord avec l'esprit ***du principe de la première base,***

Elle

Elle ne fera pas difficulté de l'adopter pour fondement. de la négociation. Et dès que les réponſes qu'Elle attend inceſſament ſeront arrivées, Elle communiquera tant à la Cour d'Angleterre comme Médiatrice, qu'à la cour de Berlin, des propoſitions ſi raiſonnables, qu'Elle ne peut douter qu'elles ne ſoyent jugées admiſſibles.

Réflexions ſur la ſeconde baſe.

Sa Majeſté Apoſtolique ne feroit pas non plus difficulté de négocier ſur le principe de cette ſeconde baſe. Elle deſire aſſez ſincèrement d'obliger la cour de Berlin, pour conſentir ſans peine, que celle-ci, quoiqu'elle n'ait partagé ni les riſques ni les pertes de la guerre, en partage les profits & obtienne des avantages proportionnés à ceux qui échoiroient à l'Autriche.

Mais Elle ne peut diſſimuler, que ce principe ne Lui ſemble point applicable aux idées communiquées par le Miniſtère de Sa Majeſté Pruſſienne au Prince de Reuſs, parce que le troc qui en réſulteroit, loin de procurer un excédent d'avantages à l'Autriche, lui en cauſeroit une de pertes très conſidérables.

La ſimple comparaiſon des objets du troc le prouve à l'évidence. Elle gagneroit une liſière de pays qui n'a aucune valeur intrinſèque: ſans culture, ſans induſtrie, la plus grande partie ſans habitans; il ne rendroit point les fraix ordinaires du gouvernement. Elle perdroit au contraire dans la Gallicie un Royaume auſſi conſidérable par ſa population que par ſon revenu.

 La

La perte feroit donc immenfe. Elle feroit diminuée à quelque égard par le *morcellement* de la Gallicie. Mais ce morcellement détérioreroit infiniment la valeur du morceau reftant & l'annulleroit même entièrement, fi le retranchement tomboit fur la portion fituée à la gauche de la Dujaneck, puisque cette portion de la Gallicie en fait la partie la plus effentielle tant par fon produit, que parce qu'elle offre la feule communication réelle & praticable en toute faifon entre cette province & le corps de la Monarchie Autrichienne.

Il fuit de là, que les idées fondées fur le troc en queftion ne rempliffent point les conditions du principe renfermé dans la feconde bafe: l'Autriche au lieu d'y gagner un accroiffement réel y perdroit au contraire infiniment. La Pruffe y gagneroit feule & fon gain feroit payé aux dêpens de l'Autriche. Il s'en faut donc de beaucoup, que ce soyent là des termes de négociation *plus avantageux* à celle-ci que la bafe du *ftatus quo*, laquelle pouffée même à toute la rigueur de la lettre offriroit encore une chance moins défavorable à tous égards.

La Gallicie eft d'ailleurs un objet qui n'a nulle connexion avec celui de la guerre actuelle. Il ne fubfifte & ne peut exifter aucune réclamation ni conteftation légitime au fujet de cette province de la part de la République, qui ne conferve pas plus de droit fur elle que fur les deux autres portions cédées par les Traités uniformes de 1773. Il n'y a donc pas de titre qui puiffe fonder un engagement quelconque à faire rendre la Gallicie par l'Aul'Autriche, & Sa Majesté Prussienne est au contraire spécialement liée par des engagemens sacrés à lui en garantir à jamais la possession. La cour de Berlin a si peu cru, que cette possession compromettroit la sureté & les interêts essentiels de la Monarchie Prussienne dans les mains de l'Autriche, que celle-ci l'a acquise de concert avec elle & *sur son invitation*. Il est au reste impossible que des puissances voisines n'ayent des provinces qui ne se touchent ou s'approchent mutuellement. Sa Majesté Apostolique déclare solemnellement, qu'Elle ne conservera ni défiance, ni jalousie contre Sa Majesté Prussienne, quoique la situation d'une partie des Etats Prussiens soit bien autrement favorable à des entreprises offensives contre les Etats Autrichiens, que la situation de la Gallicie, pays ouvert, qui ne peut à cet égard allarmer la Silésie qu'elle touche à peine immédiatement, & qui est la province du monde la plus en état de se defendre. Enfin toute la conduite que la cour de Vienne a tenue vis à vis de la Pologne depuis le Traité de cession jusqu'à ce jour, prouve indisputablement, qu'elle est éloignée par systême de chercher à s'y établir une influence qui puisse faire pericliter l'équilibre établi dans cette partie de l'Europe.

Ces réflexions sur l'application de la seconde base de négociation proposée par la cour de Berlin découlant de la nature des objets & du principe même, sur lequel cette base est fondée, Sa Majesté Apostolique est persuadée, qu'elles justifieront parfaitement aux yeux de Sa Majesté Prussienne ainſi que de la cour de Londres, la préference qui en reſulte jusqu'ici pour le parti de négocier ſur la première baſe du *ſtatus quo*, à moins qu'il ne ſe préſente des moyens d'appliquer la ſeconde, qui ſoyent réellement conformes au principe de combiner l'avantage réciproque de la Pruſſe & de l'Autriche. Sa Majeſté Apoſtolique, qui aime à croire qu'il pourra s'en trouver de mutuellement convenables, n'héſitera point alors de ſe laiſſer guider dans ſon choix par ſon déſir d'obliger le Roi de Pruſſe.

On n'étend point ces réflexions préalables à l'objet de la recherche de la Couronne Impériale. C'eſt une recherche d'honneur & non de puiſſance. C'eſt de la confiance en ſa perſonne qu'elle doit ſeul attendre d'être honnorée de cette dignité perſonnelle. Sa Majeſté en reſpectera ſcrupuleuſement les bornes, à commencer par celles qui ſont preſcrites aux moyens de l'acquerir.

Des motifs non moins juſtes & delicats l'empèchent auſſi de conſidérer ſon droit à la ſouveraineté des Pays-bas Autrichiens comme un objet de litige ou de compenſation. Tout prétexte de réſiſtance legitime eſt ôté à ces provinces. Sa Majeſté eſt fondée d'en attendre le recouvrement de la tranquilité future des circonſtances, du retour ſpontané de ſes ſujets belgiques, dont la majeure partie ne diſſimule plus que forcément ſa propenſion à rentrer dans le devoir & de leur confiance dans les principes doux & moderés de ſon regne. Sa propre confiance dans la médiation & l'amitié de Sa Majeſté Britannique achève de La

con-

confirmer dans l'espoir, qu'Elle ſera diſpenſée de recourir à des moyens plus violens, lesquels répugneroient bien plus aux ſentimens paternels de Sa Majeſté qu'Elle ne douteroit de leur efficacité ou craindroit d'obſtacles étrangers. Car Elle a le bonheur de ne connoitre parmi les Souverains actuels de l'Europe aucun, qui lui ait juré une inimitié & une haine aſſez immoderées, pour prévaloir ſur toutes les conſidérations qui doivent détourner un Souverain de ſoutenir la révolte des ſujets d'un autre.

Quel espoir reſteroit-il de la négociation actuelle, s'il falloit craindre de telles diſpoſitions? La baſe autérieure à toute autre eſt la confiance mutuelle des deux Souverains de la Pruſſe & de l'Autriche dans leur juſtice, leur modération & leurs ſentimens mutuels. Ils ſont faits pour être amis, non pour ſe craindre. Le retour de la tranquilité générale en ce moment eſt ſans doute un bien déſirable. Mais l'établiſſement d'une amitié ſincère entre eux fondée ſur le ménagement réciproque de leur honneur, de leurs droit & de leurs intérêts légitimes promet des fruits bien plus précieux encore à la proſpérité de leurs règnes, de leurs ſujets & de l'Europe entière.

Troisième lettre du Roi de Prusse au Roi d'Hongrie du 2. de Juin 1790.

Monsieur mon Frère. C'est avec beaucoup de satisfaction, que j'ai vû par la lettre, que V. M. m'a fait l'honneur de m'écrire en date du 25. de Mai, que sans attendre la réponse de Son Auguste alliée, Elle a voulu me communiquer, avant la participation de Sa réponse définitive, quelques *reflexions préalables* sur les dernières propositions, que je Lui ai fait faites, pour faciliter par ce moyen la réussite de la négociation principale. Je crois ne pouvoir mieux coopérer à ce but, qu'en m'empressant à communiquer également à V. M. quelques *observations ultérieures*, qui répondent à ces réflexions, & qui peuvent servir à écarter d'avance les mésentendus & les difficultés, qui pourroient arrêter le commencement & le cours de cette négociation. Je me flatte même, que les nouveaux éclaircissemens, que V. M. trouvera dans ces observations, pourront La convaincre encore davantage de toute la pureté des intentions que j'ai eues en Lui proposant d'une manière aussi franche des bases déterminées de conciliation, sans m'en tenir aux généralités vagues, & que par un juste retour de cette confiance

&

& de ces ouvertures mutuelles, Elle voudra ne pas différer trop long tems à choifir une de ces bafes qui peut être aifement modifiée fur nos intérêts réciproques, fans bleffer aucunement la juftice & la modération. J'ai auffi vû avec grand plaifir par la fusdite lettre de V. M. qu'Elle eft difpofée à donner les mains à un armiftice général avec la Porte, auffitot que l'éloignement des parties belligérantes permettroit de l'établir & qu'Elle feroit affurée de la réciprocité de la Porte. Je crois pouvoir garantir à V. M. cette réciprocité de la Porte, dès qu'Elle reconnoit & m'affure pour bafe de la négociation le rétabliffement du *ftatus quo* plenier ou limité, tel que je l'ai propofé. Si V. M. eft d'accord avec moi fur ce principe, je La prie de permettre, que mes Miniftres, qui fubfiftent à Sa cour, puiffent envoyer un Courier en droiture au Camp du Grand-Vizir, & informer par ce moyen la Porte Ottomanne de la fituation de la négociation entre nos deux Cours, & l'engager à fe prêter également à cet armiftice envers V. M. Je crois que ce fera la marche la plus sûre & la plus prompte, pour arrêter les hoftilités & les progrès de la guerre & pour avancer en même tems la négociation de la paix.

J'attend avec empreffement les explications ultérieures & définitives que V. M. m'a fait efpérer, & je me réjouis d'avance, qu'elles feront telles, qu'elles pourront devenir la bafe d'une conciliation fincère & permamente & de la difpofition très ferme, dans laquelle je me trouve, de convaincre V. M. en toute occafion des fentimens d'une très parfaite amitié & eftime avec lesquels je fuis

Monfieur mon frère

de Votre Majefté

Berlin le 2. Juin 1790.

le bon frère & Coufin

Frédéric Guillaume.

Obfer-

Obſervations ultérieures ſur les baſes de négociation propoſées à la Cour de Vienne.

La coùr de Vienne ayant jugé à propos, de communiquer à celle de Berlin quelques *réflexions préalables* ſur l'application des baſes de négociation, qu'on lui a propoſées, la cour de Berlin croit bien faire, de communiquer encore à celle de Vienne quelques obſervations ſur ces réflexions, dans la vue unique de faciliter par ce moyen la négociation ultérieure.

Il paroit par les *réflexions préalables*, que S. M. le Roi d'Hongrie ne met pas grand prix au recouvrement de la limite de la paix de Paſſarowitz, qu'elle préfèreroit le rétabliſſement du *ſtatus quo* des poſſeſſions reſpectives des Puiſſances belligérantes avant la guerre actuelle ou la reſtitution de ſes conquêtes, à toute ceſſion intégrale ou partielle de la Gallicie & ſurtout de cette partie, qui eſt ſituée entre la Siléſie & la Dunajeck, qu'Elle regarde comme la plus précieuſe. La cour de Vienne peut avoir ſes raiſons, de faire ce choix de l'alternative propoſée; cependant s'il ne lui étoit pas indifférent, d'écarter le principal objet de la jalouſie, qui réſultera conſtamment de la poſſeſſion de toute la Gallicie & de faciliter ſans ſa perte réelle, l'occaſion de procurer à la Pruſſe un avantage, qui lui eſt néceſſaire, il ſemble qu'elle ne perdroit pas au troc en amorcellant, ou en reſtituant une partie quelconque de la Gallicie, dont on conviendroit & en

s'aſſûs'aſſûrant pour équivalent cette partie de la limite de la paix de Paſſarowitz, qui eſt conſtituée par les rivières du Danube, de l'Alluta & de l'Unna, & en reſtituant à la Porte ce qui eſt ſitué au delà de ces rivières. Il ne s'agiroit pour cet effet que de choiſir un amorcellement de la Gallicie entre les rivières de Wislocka & du Dnieſter, ou telle autre rivière dont on pourroit convenir, pour approprier à la Pologne quelque portion de la Gallicie la plus contiguë au Corps de cette République, d'une manière que la cour de Vienne garde encore la plus grande partie de la Gallicie. On n'a propoſé le Diſtrict de Dunajek que comme le plus petit, qui ſeroit néceſſaire à la Pologne à cauſe des ſalines, dont la cour de Vienne eſt d'ailleurs abondamment pourvuë autre part, & on a cru, qu'elle conſervoit encore aſſez de communication avec la Gallicie du côté de l'Hongrie. En faiſant un troc pareil, la cour de Vienne obtiendroit par le diſtrict de l'Allura à peu près la troiſième partie de la Vallachie & un territoire fertile en ſoi-même ſusceptible de la plus grande amélioration & peut-être ſupérieur à ce qu'elle perdroit en Gallicie & elle s'aſſureroit la tranquillité de ſes poſſeſſions par les rivières du Danube, de l'Alluta & de l'Unna. Si la cour de Vienne veut bien peſer ces conſidérations mûrement & ſans prévention, elle ne trouvera plus dans les différentes propoſitions qu'on lui a faites aucun déſavantage réel de ſon côté, ni aucun avantage préponderant pour la cour de Berlin, laquelle, ſi elle n'a pas partagé juſqu'ici les pertes de la guerre, en a pourtant partagé les riſques & les fraix conſidé-

rab.es

rables par les démarches & les armemens, dont on lui a imposé la néceſſité par les ſuites d'une guerre, dont on connoit l'origine.

Après avoir ainſi prouvé, que la cour de Vienne trouveroit non une perte, mais une convenance très réelle dans l'une ou l'autre baſe conciliatoire, qu'on lui a propoſée, on ne diſcutera plus beaucoup cette autre queſtion, qu'elle a relevée dans ſes *réflexions préalables*, s'il exiſte un titre de rendre la Gallicie à la Pologne? La cour de Berlin n'en propoſe qu'une très médiocre partie, & elle ne propoſe cette reſtitution que contre un équivalent ſuffiſant pour la cour de Vienne, & pour que la République de Pologne ſoit engagée d'autant plus facilement à céder à la cour de Berlin les villes de Dantzig & de Thorn, avec un arrondiſſement petit & convenable de limites contre les avantages de commerce & des équivalens territoriels, que la cour de Berlin a déjà offerts, n'ayant d'ailleurs aucune vue de s'agrandir dans cette occaſion, mais ſeulement celle d'arrondir & d'aſſurer ſes poſſeſſions par des compenſations. La cour de Vienne voudra pourtant ſe ſouvenir, que même en faiſant une reſtitution quelconque & non gratuite à la Pologne, elle conſerve encore un lot très ſupérieur de partage; que le partage même a pris ſon origine, non pas tant de *l'invitation* qu'elle relève, que de *l'occupation du territoire de Zips*, quelle fut la première à faire; qu'elle a d'ailleurs pris au delà des termes du traité de partage ou de ceſſion, la ville de Brody, qui appartenoit autrefois à la Volhynie, non à la Podolie, & en outre le grand territoire entre la véri-

véritable rivière de Podhorze conftitnée pour fa limite dans fon traité & de la rivière de Seret, à laquelle on a donné depuis le nom de Podhorze, deforte que ce font des morceaux qui n'appartiennent pas proprement au partage, & dont la reftitution paroit être titrée. On ne fait ces obfervations acceffoires dans aucune autre vue que celle de repondre aux réflexions de la même nature, qui fe trouvent dans l'Ecrit de la cour de Vienne. On n'entrera pas en difcuffion particulière des réflexions, qui fe trouvent dans cet écrit à l'égard de la Couronne impériale & des Pays-Bas; on obfervera feulement, que fi les deux cours ne venoient pas à s'accorder fur l'objet principal, celle de Berlin auroit pourtant les mains libres à l'égard des articles fusdits. Le Roi reconnoit, comme S. M. le Roi d'Hongrie, que la bafe de la négociation actuelle doit être la confiance mutuelle des deux Souverains, fondée fur leur juftice, leur modération|& leurs fentimens mutuels. S. M. fe trouve prrfaitement dans ces difpofitions, & Elle croit en donner des preuves fuffifantes par tout ce qu'Elle a fait, & qu'Elle a propofé dans le cours de la préfente difcuffion.

Pendant que duroit cette correfpondance & négociation directe entre les deux Rois, le Roi d'Hongrie & de Bohème tenoit une grande armée affemblée en Bohème & en Moravie fur les frontières de la Siléfie Pruffienne, fous les ordres du Maréchal Laudon, en proteftant pourtant, que ce n'étoit qu'une

mefumesure de précaution pour sa défense contre toute attaque présomptive. Comme le cas étoit pourtant possible, que ces armées Autrichiennes auroient pu envahir la Silésie, qui n'avoit que ses garnisons ordinaires, sous prétexte de prévenir une attaque Prussienne, le Roi prit le parti de faire marcher à la fin de Mai & au commencement du mois de Juin une grande partie de son armée en Silésie, tant pour garantir ce pays de toute invasion hostile possible, que pour procurer aux Turcs, ses nouveaux Alliés, une sorte de diversion, & principalement pour appuyer d'autant mieux la négociation de paix, qu'il vouloit continuer avec le Roi d'Hongrie à la tête de son Armée. Il la conduisit pour cet effet lui-même en Silésie, accompagné du Duc règnant de Bronswic, du Général de Möllendorf & de ses autres Généraux, & il ordonna en même tems au Lieutenant-Général Comte de Henkel, qui commandoit en Prusse, d'assembler les régimens qui sont ordinairement en garnison dans la Prusse Orientale, dans un Corps d'Armée vers les frontières de la Lithuanie & de la Russie, pendant que le Général d'Usedom, accompagné du Lieutenant-Général Comte de Kalkreuth continuoit déjà depuis plus d'un an de commander un Corps de Troupes, composé des Régimens de la Prusse Occidentale, du coté de Thorn vers la Vistule, lequel corps de Troupes marcha ensuite pendant le cours

de

de l'été par la Pologne en Haute-Siléfie. Le Roi étant arrivé en Siléfie, établit depuis le 18. Juin fon quartier-général dans le village de Schönwalde entre les villes de Franckenftein & de Reichenbach fur les frontières de la Bohème. Le Miniftre d'Etat & de Cabinet Comte de Hertzberg fuivit le Roi en Siléfie, pour y continuer la négociation avec la cour de Vienne felon les occurrences, & pour foigner en même tems la Correfpondance ordinaire avec les Miniftres de Sa Majefté dans les cours étrangères. Il fe rendit le 13. de Juin à Breslau & le 18 me à Reichenbach pour être près du Roi. Les Miniftres d'Autriche, d'Angleterre, de Hollande & de Pologne fe rendirent auffi à Breslau felon la permiffion de Sa Majefté pour y attendre la fuite des évènemens & de la négociation de paix, à laquelle on avoit lieu de s'attendre. Le Roi Leopold dépêcha en effet le Baron *de Spielmann*, fon Référendaire d'Etat, & de Conférence ou Sécrétaire d'Etat, muni d'inftrùctions & de pleinspouvoirs pour lui & fon Miniftre ordinaire à Berlin le Prince de Reufs. Ces deux Plénipotentiaires arrivèrent le 26me Juin à Reichenbach, chargés de négocier fur les matières qui avoient fait jufques là l'objet de la correfpondance des deux Rois. Le C. de H. entra en conférence avec eux le 27me Juin, dans laquelle ils débutèrent par lui rémettre des *Reflexions ultérieures*

fur

fur les bafes de la Negociation *), écrit qui devoit fervir de réplique aux *obfervations ultérieures* de la cour de Pruffe, particulièrement fur fon projet conciliatoire. Le C. de H. convint bientôt avec les Plénipotentiaires Autrichiens, qu'on mettroit de coté toutes ces difcuffions & qu'on s'expliqueroit nettement de part & d'autre fur les conditions d'un *projet conciliatoire*, pour voir, fi l'on pouvoit en convenir ou s'il faudroit en revenir au *ftatus quo ftrict avant la guerre*, que la cour d'Angleterre recommandoit le plus & que celle de Vienne avoit auffi déclaré dans la Correfpondance des deux Rois, vouloir accepter en cas de befoin & de non-conciliation, mais en y attachant toujours une claufe par laquelle elle vouloit fe réferver les forts d'Orfowa & de St. Elifabeth, une lifière le long du Danube & de pareilles ceffions au delà du *ftatus quo ftrict* qu'elle croyoit néceffaires pour fa fureté. Le C. d. H. remit donc aux deux Plénipotentiaires Autrichiens dans la Conférence du 29me Juin, les fuivans

Points préliminaires

que la cour de Pruffe propofe à celle de Vienne, pour fervir de bafe à un armiftice entre les parties bel-

*) On n'ajoute pas ici ce Mémoire, parceque, comme on verra bientot, la négociation fur le *projet conciliatoire* fut bientôt mife de coté.

belligérantes, & enfuite à un accommodement général entre les parties intéreffées à la crife prefente dans l'Orient & le Nord.

1) La Cour de Vienne fera un armiftice & enfuite la paix avec la Porte Ottomanne, & lui reftituera ce qu'elle a conquis fur elle en Moldavie, en Vallachie, excepté le diftrict de l'Aluta & en Servie, y compris la ville de Belgrade; elle confentira, que la Moldavie, la Beffarabie & la Province d'Oczakoff foient reftituées à la Porte Ottomanne, & fi la Cour de Ruffie ne vouloit pas accéder à ces préliminaires, la cour de Vienne ne l'affiftera pas pour la continuation de la guerre.

2) Le Roi de Pruffe engagera la Porte Ottomanne, que fi elle veut profiter de ces reftitutions, elle cède à S. M. le Roi d'Hongrie la partie de la Vallachie, qui s'étend depuis le Bannat de Temeswar jufqu'à la rivière de l'Aluta & le long du Danube jufqu'au confluent de ces rivières, & qu'elle lui cède également la Croatie Ottomanne jufqu'à la rivière de Verbas, de forte que les rivières du Verbas, du Danube & de l'Aluta faffent la limite entre l'Empire Autrichien & Ottoman.

3) Pour compenfer cette acquifition, S. M. le Roi de Hongrie cèdera à la République de Pologne le Cercle de Zamofk, en fuivant la rivière de Sann jufqu'à Jaroslaw, & enfuite le Cercle de Zolkiew & la moitié de celui de Brody, y compris la ville de Brody, & enfin la faline de Wieliczka avec un petit territoire, pour tenir à la ville de Cracovie.

4) S.

4) S. M. le Roi de Hongrie fera la cession précédente à la République de Pologne, sous la condition, que le Roi & la République de Pologne cèdent au Roi de Prusse les villes de Dantzig & de Thorn avec leur territoire, ainsi que la langue de territoire entre les Etats Prussiens & la rivière de l'Obra, depuis le confluent de cette rivière avec la Warta & le long de son cours jusqu'à Schlichtingsheim, & enfin le territoire entre les rivières de la Netze & de la Warta, le long de cette dernière rivière jusqu'à Obernicki & delà le long de la petite Warta, jusqu'à Znin & Barzin, en outre la petite Starostie de Dybow près de Thorn, pour arrondir les Etats Prussiens par ces petits territoires, & pour leur donner des rivières pour limites.

5) Les deux cours de Vienne & de Berlin s'employeront, pour que la cour de Russie fasse la paix avec la Porte & la Suède aux conditions, ou que la cour de Russie garde la Province d'Oczakow jusqu'au Dnieper, en restituant les limites de la paix de Nystadt à la Suède, ou si elle ne veut pas s'y prêter, en restituant la Province d'Oczakoff à la Porte Ottomanne.

6) S. M. le Roi de Hongrie voudra bien rendre & assurer aux Etats Belgiques, outre l'amnestie, leur ancienne Constitution telle qu'elle la leur a offerte, si ces Etats rentrent de bon gré sous sa domination, selon le conseil que S. M. le Roi de Prusse leur donnera, & alors leur Constitution sera garantie par les deux Puissances maritimes & par

 l'Eml'Empire, auquel le Cercle de Bourgogne appartient.

7) Le Roi d'Hongrie s'intéressera de concert avec le Roi de Prusse, pour que les troupes des Cercles se retirent, & que l'affaire de Liège soit arrangée à l'amiable par les trois Directeurs du Cercle de Westphalie de manière que l'amnestie soit accordée aux Etats de Liège avec une régence intérimistique & que la nouvelle Constitution soit arrangée par composition entre l'Evêque & les Etats de Liège, sous la médiation des Directenrs du Cercle de Westphalie.

Les Plénipotentiaires Autrichiens déclarèrent au C. de H. qu'ils ne pourroient pas prendre de parti définitif sur ces propositions & qu'ils les enverroient à leur cour pour demander de nouvelles instructions là dessus. Ils les reçurent le 11. de Juillet par une lettre très étendue du Prince de Kaunitz, en conséquence de la quelle ils communiquèrent au C. d. H. dans la conférence du 13me Juillet un précis des contre-propositions de la cour de Vienne, dont la substance fut:

"que si la Porte Ottomanne pouvoit être engagée à cèder à la cour de Vienne les limites de la Paix de Passarowitz, (c'est à dire, *le District de l'Aluta* en *Wallachie* & *Belgrade* avec la lisière du Danube jusqu'au *Timoc*) & les Districts *de la Croatie* jusqu'aux rivières de *l'Unna* ou du *Verbas*, ou à la place du District

"strict de *Verbas*, la Ville & la Raja de *Chotim*, la "cour de Vienne cèderoit à la République de "Pologne cette partie de la Gallicie, qui con-"tient tout le Cercle de *Zamosk*, & la moitié "des Cercles de *Zolkiew*, de *Brody* & de *Tar-"nopol*, en prenant pour limites les revières du "*Taniew* & du *Bug*, desquels Cercles elle ga-"rantissoit l'étendue à 200 milles quarrées & la "population à 300000 personnes. La cour de "Vienne offroit en même tems d'assurer à la Ré-"publique de Pologne & à la Silésie Prussienne "toute la quantité de sel de roche, dont ces "deux pays pouvoient avoir besoin pour le prix "modique du contract que subsistoit déjà entre "l'administration du sel Autrichienne & la Com-"pagnie maritime de Prusse. *)„

 Les

*) Comme les Plénipotentiaires Autrichiens reçurent leurs instructions en allemand selon l'usage de leur cour & qu'ils communiquèrent aussi au C. d. H. leur contreprojet formel dans cette langue, on le placera ici selon leur original allemand.

Wir erhalten von den Türken entweder den ganzen Passarowitzer Friedensstand nebst dem Unnaer und Verbaczer Distrikt samt der kleinen Grenzberichtigung der Bukowina;

Oder

Den ganzen Passarowitzer Friedensstand nebst dem Unnaer Distrikt, Bihacz und Vacup mit einbegriffen, bis an das triplex Confinium, samt Novi und dessen Bezirk *mit Ausschluss des ganzen Verbacser Distrikts* und für diesen letztern ein Aequivalent, bestehend in Chotim, der Raja und einem mit dem Flächeninhalt des Verbaczer Distrikts in Verhältniss stehenden Theile unsrer moldauischen Eroberungen;

Oder

Les Plénipotentiaires Autrichiens se bornèrent à communiquer au Plénipotentiaire Prussien leurs instructions & le contreprojet énoncé ci-dessus. Ils ne donnèrent point de réponse par écrit sur les points 4. 5. 6. & 7. des points préliminaires de la cour de Prusse, mais ils assurèrent, que le Roi d'Hongrie n'y seroit pas contraire, qu'il coopèreroit plutôt à faire agréer

---

Oder

Den ganzen Passarowitzer Friedensstand samt unserm dermaligen geringen Besizstand dis- und jenseits der Unna *mit Ausschluss des Verbacser und des Unnaer Distrikts,* dafür aber Chotim und unser moldauisches uti possidetis:

Oder

Ausser dem ganzen Passarowitzer Friedensstand nichts als unser geringes erobertes uti possidetis dis- und jenseits der Unna samt einer kleinen Grenzberichtigung der Bukowina. In den drey ersten Fällen cediren Sr. Majestät, sobald sie in dem durch den bevorstehenden Frieden versicherten, vollständigen und ruhigen Besitze der respectiven türkischen Abtretungen sind, an Pohlen jenes, was in der Karte sub lit. A, verzeichnet ist.

Sie verbinden sich zugleich mittelst einer förmlichen Convention an die Pohlen, alles benöthigte Steinsalz und zugleich an den Königlich-Preussischen Hof seinen ganzen schlesischen Steinsalzes-Bedarf für beständige Zeiten um eben jenen niedrigen Preis zu überlassen, der gegenwärtig zwischen unsrer Salinen-Administration und der Königl. Preussischen Seehandlungscompagnie besteht.

In dem 4ten und letzten Falle cediren Sr. Majestät an Pohlen was die Karte sub Lit. B, ausweiset.

Ce contreprojet allemand contient 4 gradations dont on n'a pris que la principale & essentielle dans le précis francois pour la briéveté. On conserve encore les deux cartes de la Gallicie, que les Plénipotentiaires Autrichiens exhibèrent & sur lesquelles la ligne de leur démarcation est tracée.

agréer à la République de Pologne la cession des Villes de Dantzig & de Thorn, & des lisières que la cour de Prusse demandoit selon l'Article 4. de ces préliminaires & qu'elle s'accorderoit aussi avec la même cour sur les Articles 5. 6. 7. des dits préliminaires.

Le C. de H. crut, que sa cour s'accorderoit pour l'essentiel avec la cour de Vienne sur la substance du projet conciliatoire, sur lequel on avoit négocié jusqu'ici, qu'on pourroit rédiger à Reichenbach un traité préliminaire & éventuel là dessus, & qu'on trouveroit moyen de le faire agréer sous la coopération des deux cours Impériales tant à la Porte Ottomanne, qu'à la République de Pologne, en continuant la Négociation avec ces deux Puissances & en leur faisant comprendre la nécessité & l'utilité de s'y prêter, surtout comme le Roi avoit déja resolu & declaré, qu'il s'arrangeroit avec la Pologne, sur la cession ou le troc de Dantzig &c., qu'outre un équivalent territoriel, qu'il lui procureroit en Gallicie & par le prix du sel, il diminueroit encore la Douane conventionelle de Fordon de 12 à 4 pour Cent ce qui pouvoit valoir un gain annuel de 200000 Ecus & au delà à la Nation Polonoise.

Mais la scène de la Négociation de Reichenbach subit dans ces entrefaites un grand changement. Les Ministres d'Angleterre & de Hollande étant venus le

30me Juin de Breslau à Reichenbach pour assister aux conférences déclarèrent au Plénipotentiaire Prussien, que ces deux Puissances ne pouvoient coopérer au rétablissement de la paix entre la Porte & les deux cours Impériales, que sur la *base du status quo strict*, comme l'Angleterre avoit déjà fait négocier là dessus directement à Vienne, & que si le Roi insistoit sur le projet conciliatoire & qu'il en survint une guerre, les deux Puissances ne pourroient pas y prendre part, ni la regarder comme un *cas de leur Alliance avec la Prusse* *). Le Marquis de Lucchesini que le Roi avoit fait appeller de Varsovie, arriva aussi le 10. de Juillet à Schönwalde & douta que les Polonois pourroient être portés à se prêter de bonne grace au troc de Dantzig sur le pied proposé dans le projet conciliatoire **). On révoqua aussi en doute, que la Porte Ottomanne

*) La Cour de Londres avoit proposé & principalement porté dans toute l'intervention des Alliés le *status quo avant la guerre* en général, pendant quelque tems elle se prêta pourtant à un *status quo & approchant*, qui pouvoit mener au *projet conciliatoire de la Prusse*, pour sauver les Pays-Bas à la maison d'Autriche; mais pendant les conférences de Reichenbach, elle insista *fortement* sur le *status quo strict*, & fit espérer au Roi, qu'il pourroit obtenir Dantzig par une négociation de Commerce séparée.

**) Il est vrai, qu'une partie de la Nation Polonoise s'étoit mise en tête, qu'elle devoit obtenir la restitution de toute la Gallicie dans cette Négociation; mais c'étoit prétendre trop pour

Ottomanne s'accommoderoit à ce projet conciliatoire & aux cessions, qu'elle devoit faire en conséquence, & on posa le cas *possible*, que la cour de Vienne pourroit se hâter de faire une paix particulière avec la Porte sans l'intervention des Alliés, & lui restituer

---

pour ce que le Roi de Prusse demandoit à la Pologne & pour l'équivalent qu'on pouvoit assigner à la cour de Vienne aux dépens des Turcs. D'ailleurs comme il est notoire, que les villes de Dantzig & de Thorn ne rapportent rien à la République & fort peu au Roi de Pologne, dont on auroit pu l'indemniser, qu'elles sont plutôt onéreuses qu'utiles à la Nation Polonoise, par les raisons qui ont été déduites dans le précedent, & que ces mêmes villes, y compris même les médiocres territoires que le Roi de Prusse demandoit en même tems uniquement pour se séparer de la Pologne par des rivières, ne faisoient pas le tiers *de l'étendue* & de la *population* du territoire de la Gallicie, que la cour de Vienne s'offroit de lui restituer & qu'en outre la Nation Polonoise auroit reçu un avantage additionel, pécuniaire & très important par la diminution considérable de la Douane de Fordon & du prix du sel, que les cours de Berlin & de Vienne lui offroient respectivement, il semble, qu'elle auroit eu un équivalent plus que suffisant & peut-être du sextuple supérieur aux cessions qu'elle devoit faire au Roi, ce qui par conséquent, en y ajoutant les motifs de reconnoissance & même de politique l'auroit du engager à faire cette cession ou plûtot ce troc au Roi de Prusse, qui ne les damandoit pas par des vues d'aggrandissement, mais uniquement pour celles de sa sureté, & il est plus que vraisemblable, que cette Nation généreuse, reconnoissante, juste, & éclairée l'auroit fait, si on lui en avoit fait la proposition circonstanciée (qui ne lui a jamais été faite formellement) & qu'elle eut été appuyée par les deux cours Impériales, selon leurs intérêts, comme on pouvoit s'y attendre surtout de la part de celle de Vienne, pour faire réussir leur arrangement particulier.

toutes ses conquêtes, pour tourner toutes ses forces contre la Prusse*). Tous ces motifs réunis déterminèrent le Roi à abandonner le *projet conciliatoire* & à y préférer le *status quo strict* ou *plénier*, comme le

*) Il est très vraisemblable, que la Cour de Vienne devoit préférer la paix générale avec la Porte & la Prusse & l'acquisition très importante pour elle des limites de Passarowitz, qui assuroient ses frontières du coté de la Turquie par les rivières de l'Aluta, du Danube & du Verbas, (en sacrifiant même une médiocre partie de la Gallicie) à la chance très risquante de commencer dans la situation de son militaire & de ses affaires intérieures une nouvelle guerre avec le Roi de Prusse, qui se trouvoit avec plus d'une armée imposante & toute fraiche sur les frontières de la Bohème, de la Moravie, de la Gallicie & des Pays-Bas. Il semble de même, que la Porte Ottomanne n'auroit jamais fait une paix particulière, sans son Allié unique & véritable, le Roi de Prusse, & que même elle n'auroit pas balancé de faire le médiocre sacrifice des limites de la paix de Passarowitz, à la nécessité, à la volonté & aux intérèts d'un Allié aussi généreux & respectable, qui à ses risques & fraix immenses avoit sauvé l'existence de l'Empire Ottoman en Europe, & lui faisoit rendre des Provinces beaucoup plus importantes, toute la Moldavie & la Bessarabie, ainsi que la plus grande partie de la Vallachie, de la Servie & de la Croatie, & qui lui garantissoit en même tems toute l'existence future de son grand Empire en Europe & en Asie, mais qui par son Traité d'Alliance ne pouvoit pas être obligé de commencer une guerre terrible avec les deux plus grandes Puissances, pour procurer à la Porte la restitution de toutes ses provinces perdues, pendant qu'on prévoyoit, qu'elle ne prenoit aucune mesure efficace de son coté, & que tout le fardeau de la guerre tomberoit sur la Prusse. Celle-ci faisoit assés en procurant une paix tolérable à la Porte & elle auroit sans doute passé par ces conditions, tout comme elle a été obligée le de faire & de sacrifier par sa paix avec la Russie le territoire d'Oczakoff.

le parti plus *ſur* & plus *honorable;* parcequ'il devoit augmenter la conſidération de la Pruſſe, & procurer à ſon Allié la reſtitution *gratuite* de tous ſes pays perdus, ſans que la Pruſſe y trouvât un avantage particulier & une compenſation des fraix de ſon intervention, qui de cette manière ſe faiſoit uniquement pour le maintien de l'équilibre de l'Orient. C'eſt en conſéquence de ces principes, que le Roi ordonna au C. de H. de la manière la plus ſtricte & la plus poſitive, de mettre de coté ſon projet conciliatoire & d'inſiſter uniquement ſur le *ſtatus quo ſtrict*, ce que ce Miniſtre, après avoir fait les répréſentations, que ſon zèle patriotique lui ſuggéroit, fit en remettant le 15. de Juillet aux Plénipotentiaires Autrichiens la ſuivante

Note.

"Je n'ai pas manqué, de mettre inceſſamment "ſous les yeux du Roi mon maitre, les deux lettres "de Mr. le Prince de Kaunitz du 7. de Juillet, que "Mrs. les Miniſtres Plénipotentiaires de Sa Majeſté le "Roi d'Hongrie & de Bohème m'ont communiquées, "et

On a cru pouvoir faire ici ſans aucun préjudice un exposé ſimple & précis des motifs, qui ont décidé pour le *ſtatus quo ſtrict* plus généreux, & contre le *projet conciliatoire* plus avantageux pour la Pruſſe; mais pas moins juſte, dans une occaſion auſſi importante, qui peut décider du ſort futur des Puiſſances intéreſſées au Traité de Reichenbach.

"& qui contiennent les conditions & les moyens, "que la cour de Vienne propoſe, pour ſervir de baſe "à un armiſtice & à un accommodement général. "Je ſuis obligé de dire en réponſe à Mrs. les Miniſtres "Plénipotentiaires, que S. M. régrette, de ne pou-"voir pas entrer dans ces nouvelles propoſitions, par-"cequ'Elle les trouve être d'une nature, qu'Elle peut "prevoir avec certitude, de ne pouvoir pas les faire "agréer, ni à la Porte Ottomanne, ni à la nation "Polonoiſe; ce que Mr. le Prince de Kaunitz pré-"voit lui-même dans ſes lettres à l'égard de la Porte "Ottomanne. D'ailleurs les nouvelles propoſi-"tions ſont trop éloignées de celles que le Roi a "fait offrir & propoſer de ſon côté ſur les princi-"pes d'un juſte équivalent & d'un plan d'arrange-"ment, qui puiſſe concilier les intérêts de toutes "les parties.„

"Le Roi croit donc ne pouvoir faire autrement "que de revenir à la première baſe alternative, que "Sa Majeſté a propoſée dans Sa lettre du 15. d'Avril "de concert avec la cour de Londres, ſavoir *au ré-"tabliſſement plénier du ſtatus quo des poſſeſſions re-"ſpectives des Puiſſances belligérantes avant la guerre "actuelle.* Pour faciliter cette voye d'arrangement, "à la quelle la cour de Londres donne la préférence "dans ſes différentes Déclarations, *le Roi renonce "aux*

"*aux justes acquisitions qu'il avoit en vue**) & Sa "Majesté s'attend d'autant plus que Sa Majesté le Roi "d'Hongrie & de Bohème pensera de même & sera "également porté pour le rétablissement du *status quo*, "comme Elle l'a témoignée dans plusieurs endroits "de sa Correspondance, & qu'Elle a déclare dans "Ses lettres du 26. de Mars & du 28. d'Avril & sur-"tout dans les *Réflexions préalables* jointes à Sa let-"tre du 25. de Mai, qu'Elle ne désiroit aucun accro-"issement de Ses Etats, ni vers la Porte, ni nulle "part ailleurs; que si la Conclusion de la paix dépen-"doit absolument de l'acceptation de la première "base, Sa Majesté Apostolique se borneroit à cet "égard à la plus stricte exigeance & que Ses dispo-"sitions étant ainsi d'accord avec l'esprit des prin-"cipes de la première base, Elle ne feroit pas diffi-culté

*) La cour de Vienne a voulu tirer ensuite pendant la Négociation de Sziſtowa, de ce passage la conséquence: *que le Roi avoit renoncé par là à toute acquisition* de Dantzig, tandis qu'il est clair par la tereur de cette note & par tout l'ensemble de la Négociation, qu'il n'a renoncé à l'acquisition de Dantzig, que sur *le pied du projet conciliatoire & de l'équivalent*, *que la cour de Vienne* devoit à ses dépens donner à la République de Pologne en Gallicie; mais il a gardé les mains libres pour faire l'acquisition de Dantzig de toute autre manière dont il pourroit convenir avec la République de Pologne sans la concurrence de la cour de Vienne. D'ailleurs cette note ne fait pas partie du Traité de Reichenbach, qui a été ratifié par les deux Souverains & elle n'appartient qu'aux pourparlers, qui ont précédés le Traité.

" culté de l'adopter pour fondement de la négo-
" ciation. „

" C'eſt en conſequence de ces prémiſſes, que je " ſuis chargé par les ordres précis du Roi, de dé- " clarer & de propoſer à Mrs. les Miniſtres Pléni- " potentiaires:

" que Sa Majeſté déſire & demande, qu'il plaiſe " à Sa Majeſté le Roi d'Hongrie & de Bohème, " d'adopter le *ſtatus quo*, plénier & ſtrict, tel " qu'il a été avant la préſente guerre, pour baſe " d'un arrangement général avec la Porte Otto- " manne, & que par conſéquent Elle veuille " s'engager par une Convention préliminaire, ou " dans telle autre forme dont on pourra con- " venir, qu'Elle veut faire ſur cette baſe d'abord " & ſans délai un armiſtice avec la Porte Otto- " manne & enſuite auſſitôt que poſſible une paix " définitive; qu'Elle reſtituera à la Porte Otto- " manne toutes les conquêtes qu'Elle a fait ſur " elle dans la guerre actuelle ſans en rien céder " à la Ruſſie; qu'Elle n'aſſiſtera plus en aucune " manière cette cour, ſi elle vouloit continuer " la guerre contre la Porte; mais que Sa Majeſté " Apoſtolique fera plutôt ce qui dependra d'Elle, " pour engager la cour de Ruſſie d'accéder au " rétabliſſement de la paix avec la Porte-Otto-

manne

"manne fur la bafe du *flatus quo* plénier, tel "qu'il a été avant la préfente guerre.„

"Le Roi fouhaite de recévoir une réponfe fatis-"faifante & précife fur cette propofition *dans un* "*efpace de tems auffi court que poffible* & que Mrs. les "Miniftres Plénipotentiaires foyent inftruits & auto-"rifés, de conclure & de figner fans délai, ce qui "fera néceffaire pour cet effet. Sa Majefté s'en flatte "d'autant plus, que Sa Majefté le Roi d'Hongrie & de "Bohème fentira Elle même, que la dignité refpective "des deux Souverains, ainfi que la pofition dans la-"quelle le Roi fe trouve pour fa perfonne, néceffite de "prendre les mefures les plus précifes, pour arrêter "un arrangement définitif, fans alléguer encore, "que la faifon s'avance, que les armées & "les païs réfpectifs fouffrent extrèmement de la pré-"fente fituation, gènante pour toutes les parties, & "que le fort des armes entre les parties belligé-"rantes pourroit apporter des changemens effentiels "dans les Négociations & reculer par confequent le "bonheur des nations, qui doit tenir trop à coeur "aux Souverains, pour le voir expofé plus long tems "à des évènemens incalculables; motif facré, qui "juftifiera aux yeux de l'Europe entière le parti que "Sa Majefté a pris & les inftances qu'Elle fait pour-"qu'il foit accepté.„

"C'eft

"C'eſt dans la juſte confiance que Sa Majeſté le "Roi d'Hongrie & de Bohème acceptera cette pro-"poſition, qu'Elle a précédemment agréé d'une ma-"nière auſſi formelle, que le Roi s'attend qu'Elle "veuille conſentir auſſi, que Sa Majeſté puiſſe en-"voyer inceſſamment un Officier au Camp du Grand-"Vizir, qui puiſſe porter à la Porte-Ottomanne les "articles dont les deux cours ſeront convenus & "travailler à les faire agréer à la dite Porte "Ottomanne.,,

Reichenbach le 15. Juillet 1790.

E. F. Comte de Hertzberg.

Cette Déclaration conçue en termes auſſi précis & fermes ſurprit & embarraſſa les deux Plénipotentiaires Autrichiens, qui s'étoient crus ſurs de conclure ſur les termes du projet conciliatoire, dont on étoit preſque d'accord dans la Conférence précédente de 13. de Juillet. Ils firent difficulté d'accepter la Note, qu'ils régardèrent comme une déclaration de guerre eventuelle, & propoſèrent encore pluſieurs modifications du projet conciliatoire, qui tendoient principalement à conſerver à leur cours les forts d'Orſowa & de St. Eliſabeth, avec une liſière le long du Danube, ainſi qu'une autre dans les montagnes de la Croatie. Mais le C. de H. inſiſtant inébranlablement, ſelon ſes ordres précis, ſur le *ſtatus quo plenier, ſimple*

simple & strict à accepter sans délai; ils envoyèrent cette Déclaration à leur cour. On crut alors à Schönwalde, que la guerre étoit inévitable & le C. de H. recut l'ordre du Roi de préparer le Manifeste pour la Déclaration de guerre; mais ce Ministre prit sur lui d'assurer, que le cas n'en existeroit pas. En effet les Plénipotentiaires Autrichiens reçurent leurs réponses & instructions entièrement favorables au *status quo* & aux demandes du Roi de Prusse, plutôt qu'on n'avoit cru, savoir le 23. Juillet, en date du 20. & par conséquent trois jours après qu'ils avoient envoyé à Vienne la Déclaration Prussienne du 15. Ils remirent en conséquence au C. de H. dans la Conférence du 27. Juillet la suivante

Déclaration *).

Sur la Note du Ministère Prussien, en date du 15. Juillet 1790, les soussignés Ministres Plénipotentiaires, sont chargés & autorisés de déclarer au nom de Sa Majesté le Roi d'Hongrie & de Bohème leur maitre:

Que

*) Cette Déclaration des Plénipotentiaires Autrichiens, ratifiée en suite par le Roi d'Hongrie, avec la Contre-Declaration du Plénipotentiaire Prussien, constitue la première partie de la Convention ou du Traité de Reichenbach; les notes, déclarations & lettres précédentes n'ayant consisté qu'en pourparlers.

Que voulant donner une nouvelle preuve indubitable du fincère défir, qu'Elle a de rétablir la paix avec la Porte Ottomanne, ainfique de conferver avec Sa Majefté Pruffienne un fyftème d'amitié fi effentiel au bienêtre des deux Etats, & de répondre moyennant cela parfaitement aux foins actifs, que les deux Puiffances maritimes ont employés jusqu'ici pour coopérer à ce double but : Sa Majefté Apoftolique s'eft déterminée à donner les mains à un armiftice avec la Porte, & au rétabliffement d'une paix fur la bafe du *ftatus quo ftrict*, tel qu'il a été avant la guerre, S. M. efpérant avec confiance, que la Porte, eu égard à la reftitution de tant de conquêtes importantes, fe prêtera durant le cours des prochaines négociations de paix à quelques modifications conciliatoires, mefurées fur la plus ftricte exigeance de la fureté de nos frontières, & qui feront en même tems le moyen le plus fûr & le propre, à confolider le repos des deux Empires; — & que l'effet d'un arrangement amical à cet égard fera facilité par le concours & les bons offices de S. M. Pruffienne, ainfique des deux Puiffances maritimes, fes alliés; cet efpoir de S. M. Apoftolique étant fondé, tant fur l'amitié des dites Cours, que fur le véritable intérêt préfent & futur de la Porte même.

A cette déclaration, à laquelle S. M. Apoftolique attache la force & l'effet plénier d'une *convention formelle*

formelle & solemnelle, nous sommes chargés d'ajouter encore: que si contre toute attente & contre les voeux de S. M. la paix entre la Russie & la Porte, n'étoit pas rétablie dans le même tems que la nôtre, & que la guerre dût être continuée entre ces deux Puissances; Sa Majesté Apostolique, suivant ce dont Elle est convenue avec son allié, ne conservera ni n'aura pour le susdit cas d'autre obligation à remplir, que celle de rester dans la possession de la forteresse de Chotym, (prise par leurs armes réunies) comme d'un dépot neutre aussi longtems, & jusqu'à ce que la paix sera conclue de même entre la Russie & la Porte, après laquelle époque la dite forteresse sera rendue sans faute à la Porte; cette restitution pouvant pour la plus grande sureté lui être garantie à l'avance par les trois Cours alliées.

En foi de quoi Nous avons signé la présente Déclaration, & y avons apposé le cachet de Nos armes.

Fait à Reichenbach, le 27. Juillet 1790.

(L.S.) Henri XIV. Prince de Reuss. **(L.S.) Ant. de Spielmann.**

Les Plénipotentiaires Autrichiens ayant remis au C. de H. dans la Conférence du 27. de Juillet leur Déclaration précédente, & le Ministre Prussien observant, que la teneur de cette Déclaration ne répondoit pas à ſon attente, dans tous les points qu'on avoit diſcutés dans les Conférences precédentes, il leur remit ſur le champ la contre-déclaration ſuivante; laquelle après quelques diſcuſſions ayant été ſimplement acceptée par les Plénipotentiaires Autrichiens & ratifiée enſuite par le Roi d'Hongrie, conſtitue le véritable inſtrument *du Traité de Reichenbach*, & fait par conſéquent la baſe du Traité de paix définitif qui a été conclu enſuite à Sziſtowa entre la cour de Vienne & la Porte Ottomanne. Les Plénipotentiaires Autrichiens démandèrent inſtamment, qu'on ne redigeat pas les Articles de Reichenbach dans la forme ordinaire d'un Traité de paix ou d'une Convention; c'étoit ſans doute pour ſauver d'autant plus la dignité de leur cour. Le Roi ne voulut pas y être contraire & conſentit, que tout l'arrangement qui ſe fit à Reichenbach, fut borné & rédigé dans la Déclaration des Plénipotentiaires Autrichiens & dans la Contre-Déclaration du Plénipotentiaire Pruſſien, qui expliquoit & modifioit la première, & laquelle, ayant été ſimplement acceptée & ratifiée par l'Empereur, eſt devenu, comme il a été déja obſervé, le véritable inſtrument du Traité de Reichenbach quoique la forme d'un Traité n'y fut pas obſervée. Les Plénipotentiaires Autrichiens voulurent encore faire quelques obſervations ſur la Contre-Déclaration du Plénipotentiaire Pruſſien, mais celui ci les ayant réfuté tout de de ſuite par des répliques ſuffiſantes, & ces pièces n'ayant pas été miſes dans les ratifications des deux Souverains, elles ont perdu toute leur force & n'appartiennent par conſéquent pas au Traité de Reichenbach, mais furent régardées comme non avenues.

Contre-declaration du Plénipotentiaire Pruſſien.

Ayant mis ſous les yeux du Roi la déclaration, que Meſſieurs les Miniſtres Plénipotentiaires de Sa Majeſté le Roi d'Hongrie & de Bohème m'ont remiſe en date du 27 Juillet, & par laquelle ils déclarent, que Sa dite Majeſté le Roi d'Hongrie & de Bohème s'engage de prêter les mains à la prompte concluſion d'un armiſtice avec la Porte Ottomane, & au rétabliſſement de la paix avec elle, ſur la baſe du *ſtatus quo ſtrict*, tel qu'il a été avant la guerre actuelle; je ſuis chargé de la part du Roi mon Maître d'accepter la fusdite déclaration, ſous les conditions *& dans le ſens qui ſuit :*

1. Sa Majeſté Pruſſienne entend, que Sa Majeſté le Roi d'Hongrie & de Bohème s'engage de la manière la plus obligatoire, de conclure un armiſtice avec la Porte Ottomanne auſſitôt que poſſible, & que la Porte y conſentira, & de rétablir enſuite la

daix avec elle, fur la bafe du *flatus quo ftrict, tel qu'il a été avant la préfente guerre,* & que par conféquent Sa dite Majefté le Roi d'Hongrie & de Bohème reftituera à la Porte Ottomanne, d'abord après la paix conclue, toutes les conquêtes qu'Elle a faites fur la Porte. Quant à l'efpérance, que Sa Majefté le Roi d'Hongrie & de Bohème fe réferve, de faire dans le cours des prochaines négociations de paix avec la Porte Ottomanne quelques modifications conciliatoires, pour la fureté de fes frontières; Sa Majefté Pruffienne entend, que ces modifications foyent abfolument volontaires & dépendantes du bon gré de la Porte Ottomanne & de la médiation de Sa Majefté & de fes Alliés & que *fi Sa Majtfté le Roi d'Hongrie & de Bohème, en retire quelques acquifitions ou autres avantages, Elle en donnera un équivalent proportioné à Sa Majefté Pruffienne* *).

2. Comme

*) Cette ftipulation importante n'a pas été remplie dans le Traité de paix de Sziftowa. La cour de Vienne y a acquis *le bourg de Vieux Orfowa* & un diftrict de la Croatie, en alléguant que ces parcelles infignifiantes appartenoient *au flatus quo de droit*, quoique pas à celui *de fait*, parceque les Turcs les avoient detenues par ufurpation après la paix de Belgrade. Les Plénipotentiaires Turcs y ont repondu, que la poffeffion de ces territoires, que la Porte avoit eu jufqu'au moment de la rupture, avoit été jufte & titrée & appartenoit même à *fon flatus quo de droit*, parceque la cour de Vienne avoit renoncé à toutes fes prétenfions dans le Traité poftérieur à celui de Belgrade, par lequel elle avoit acquis la Bukowina. Malgré la force de cet argument, le Roi de Pruffe a en

2. Comme Sa Majesté le Roi d'Hongrie & de Bohème, déclare en outre dans la susdite déclaration, que si la guerre devoit être continuée entre la Russie & la Porte, Elle n'avoit & ne conserveroit d'autres obligations à remplir envers la Russie, que de garder la forteresse de Chotym dans un dépôt neutre, jusqu'à ce que la paix soit de même rétablie entre la Russie & la Porte, après laquelle époque, la dite forteresse sera rendue à la Porte Otomanne; Sa Majesté Prussienne accepte cette Déclaration dans le sens, que Sa Majesté le Roi d'Hongrie & de Bohème ne se mêlera plus de cette guerre; qu'Elle ne prêtera plus aucun secours, d'aucune manière directe ou indirecte à la Cour de Russie, contre la Porte Ottomanne, & que la pacification entre la dite Porte Ottomanne & la Cour de Russie, sera regardée comme une affaire séparée de la négociation actuelle.

3) Comme le négociation d'un armistice & de la paix à conclure sur la base du *status quo*, a été entamée par le Roi, de concert avec ses hauts alliés, le Roi de la Grande-Bretagne & les Etats Généraux des Provinces Unies, Sa Majesté Prussienne se réserve la faculté & le droit de la garantie du *status quo strict*, stipulé dans ces Déclarations réciproques, & Elle

a eu la générosité de ne pas insister sur l'équivalent, qui lui étoit du par le Traité de Reichenbach, pour faciliter la paix de Sziftowa.

Elle se flatte que ses dits hauts Alliés voudront concourir à cette garantie, & s'en charger expressément. Par la même raison Sa Majesté Prussienne se réserve & stipule, que dès que l'Armistice sera conclu entre la Porte Ottomanne & la Cour de Vienne, on prendra des mesures aussi promptes que possible pour assembler un congrès de paix, dans tel endroit dont on pourra convenir pour y travailler à la conclusion d'une paix définitive, entre Sa Majesté le Roi d'Hongrie & de Bohème & la Porte Ottomanne, *sous la médiation & la garantie de Sa Majesté Prussienne & de ses hauts Alliés* *).

En foi de quoi j'ai signé cette Contre-déclaration, & j'y ai apposé le cachet de mes armes.

Fait à Reichenbach, le 27 Juillet 1790.

(L.S.) Ewald Fréderic Compte de Hertzberg.

Nos

---

*) Il semble que selon la teneur & l'esprit de cet Article du Traité de Reichenbach, ce Traité, qui avoit amené & produit le Traité de paix qui a été conclu ensuite à Sziſtowa entre la cour de Vienne & la Porte Ottomanne sous la médiation du Roi & de ses Alliés, devoit aussi servir de base expresse à ce dernier Traité, & que pour cet effet le Traité de Reichenbach auroit du être nommément & expressément rappellé & cité dans le traité de paix de Szistowa; mais comme la cour de Vienne trouva sa dignité interessée à ce que cela ne se fit pas, le Roi de Prusse eut encore la générosité de sacrifier son point d'honneur au bien de la paix & consentit, que le Traité de Reichenbach ne fut pas nommé dans celui de Szistowa.

Nos LEOPOLDUS *Secundus Divina favente Clementia, Hungariae, Bohemiae, Dalmatiae, Croatiae, Slavoniae, Galiciae, Lodomeriae, & Hierosolymae Rex &c. &c. &c.*

Notum testatumque omnibus & singulis, quorum interest, Tenore praesentium facimus.

Posteaquam Nos inter, & Serenissimum ac Potentissimum Principem, ac Dominum Fridericum Wilhelmum Borussiae Regem de restauranda quantocyus pristina Domus Nostrae cum Porta Ottomanica pace, mutuis peramice collatis consiliis, conventum est, atque inde evenit, ut a Nóstris plena cum facultate instructis ministris, nec non a suae Majestatis Regis Borussiae Ministro, pari agendi potestate munito, sequentes Declarationes die 27ma Mensis Julii in Oppido Reichenbach, utraque ex parte axaratae, signatae atque invicem permutatae fuerint.

" On a inséré ici la Déclaration des deux Plénipo-
" tentiaires Autrichiens & la Contre-Déclaration
" du Ministre Prussien.,,

Hinc Nos, perpenso maturo judicio harum Declarationum tenore, transacta in illis confirmamus, rata, & grata habemus, atque acceptamus, verbo Nostro Regio & Archiducali pro Nobis & Successoribus Nostris spondentes ac adpromittentes, Nos omnia

 fideliter

*fideliter adimpleturos, nec ut a Noſtris his unquam contraveniatur permiſſuros eſſe, in quorum fidem majusve robur praeſentes tabulas Manu Noſtra ſubſcripſimus, ſigilloque Noſtro Archiducali Regio appreſſo muniri juſſimus. Dabantur Viennae die 2*da *Menſis Auguſti* 1790. *Regnorum Noſtrorum primo.*

(L.S.) Leopoldus.

Kaunitz Rittberg.

Ad Mandatum Sacræ Regiae Apoſtolicae Majeſtatis proprium.

J. de Sperges.

Déclaration touchant les Pays - Bas Autrichiens.

Les circonſtances ayant amené, que les deux Puiſſances maritimes, non ſeulement comme garantes de la Conſtitution des Provinces des Païs-Bas autrichiens, mais auſſi comme parties intégrantes du Traité qui en a donné la poſſeſſion à la Maiſon d'Autriche, ont du ſe concerter entre elles & prendre des meſures ſur la nature & le degré d'intérêt à accorder au ſort de ces Provinces, Sa Majeſté le Roi de Pruſſe d'après ſes relations intimes avec ces deux Puiſſances, s'eſt aſſociée à ces meſures. C'eſt donc uniquement en vertu des engagemens, que Sa Majeſté a pris en conſéquence de ſes rélations intimes avec ſes Alliés en faveur

faveur des provinces Belgiqnes, que Sa Majeſté déclare: qu'Elle continuera d'agir dans le plus parfait concert avec les deux Puiſſances maritimes, tant rélativement au fort & à la Conſtitution des païs-bas Autrichiens, qu'à la garantie de cette dernière, ſauf une amneſtie générale, & ce qui ſera néceſſaire pour faire rentrer les païs-bas ſous la domination de Sa Majeſté le Roi d'Hongrie, & pour aſſûrer leur ancienne Conſtitution & la garantie de ſes Alliés, dont Sa Majeſté ne ſe ſéparera jamais dans l'un ou l'autre de ces cas; mais y prendra toujours la part la plus entière & directe.

Cette déclaration portant ſur l'unique engagement de cette eſpèce, qui exiſte de la part de Sa Majeſté Pruſſienne, ne ſauroit que ſatisfaire entièrement aux déſirs de Sa Majeſté Apoſtolique, & la convaincre, qu'il n'exiſte réellement aucune ſource d'inquiétude fondée, & ôter par conſéquent toute entrave à la déciſion prompte & finale de la Négociation de Reichenbach.

En foi de quoi &c. &c.

Fait à Reichenbach, le 27 Juillet 1790.

E. F. Comte de Hertzberg.

Nos Leopoldus Secundus Divina favente clementia Hungariae, Bohemiae, Dalmatiae, Croatiae, Slavoniae

voniae, Galiciae, Lodomeriae & Hierosolymae Rex &c. &c. &c.

Notum testatumque omnibus & singulis, quorum interest, tenore praesentium facimus.

Posteaquam Regis Borussiae Majestatem peramice certiorem reddi fecimus, eam Nobis esse in amicis suis in Nos animi sensibus fiduciam, ut reditui Provinciarum Austriaco - Belgicarum in legitimam protestatem nostram non solum momentum aliquod non oppositura, sed magis in id adlaboratura sit, ut justo hac in re desiderio Nostro quamprimum satisfiat; Declaratio ab altefatae Majestatis Regis Borussiae ministro plenipotentiario exarata, Nostris pari facultate instructis ministris tradita atque ab his sub spe ratihabitionis Nostrae acceptata fuit, tenoris qui sequitur:

"Suit ici la Déclaration qui regarde l'affaire "des Pays-Bas." *)

Hinc Nos grato animo declarationem hanc pro Nobis & successoribus nostris acceptavimus, atque hisce acceptam

*) C'est ici l'endroit, où il sera à propos de donner quelques éclaircissemens nécessaires au public sur la part, que la cour de Prusse a eue aux affaires des *Pays-Bas Autrichiens*, & qui a produit la *Déclaration* donnée à Reichenbach qui se trouve ci-dessus. Des gazettiers & d'autres écrivains particuliers, ont

tam habemus; in quorum fidem praesens instrumentum manu nostra subscripsimus, sigilloque nostro Regio

---

ont osé publier, que les troubles des Pays-Bas avoient été suscités & fomentés par la Cour de Berlin, par ses Ministres & nommément par le C. de H., & même par une Princesse respectable; mais c'est une calomnie atroce & dont on ne pourra jamais produire la moindre preuve. Il est vrai, que les Etats-Belgiques, ont envoyé des Députés à Berlin & ont réclamé la protection du Roi; mais ni Sa Majesté, *ni ses Ministres actuels & en place*, ne leur ont jamais promis aucune assistance, ni protection & ne les ont pas encouragé à leur opposition. La Cour de Berlin s'est contentée, de tenir un Résident à Bruxelles, le Sr. de *Brockhausen*, pour observer & pour apprendre par lui ce qui se passoit dans les Pays-Bas. Elle a même fait dès le commencement de ces troubles une sorte de convention avec les deux Puissances Maritimes, par laquelle les trois alliés se sont engagés de ne rien faire que d'un commun concert dans les affaires des Pays-Bas Autrichiens. Le Roi a déféré en cela aux instances de la cour d'Angleterre, qui s'est constamment opposée à la prétendue *independance* des Provinces-Belgiques, & il n'a pas profité de la situation dans laquelle se trouvoit alors la cour de Vienne à l'égard de ces Provinces, pour favoriser & faire valoir son *projet conciliatoire* en Pologne, comme on lui en avoit donné l'espérance & comme d'autres auroient fait à sa place. Tout au contraire; dès que les deux Ministres des Puissances maritimes ont proposé & rédigé eux mêmes dans les conférences de Reichenbach, la Déclaration qui se trouve ci-dessus, Sa Majesté l'a agrée & l'a fait signer tout de suite & c'est aussi en conséquence qu'Elle a concouru ensuite à la Négociation & à la signature de la *Convention* qui a été conclue le 10. de Décembre 1790. à la Haya, entre les Ministres d'Autriche, de Prusse, d'Angleterre & de Hollande pour la pacification plénière des troubles des Pays-Bas Autrichiens. Quand on envisage sans prévention les Négociations & les Conventions de Reichenbach & de la Haye, on doit reconnoitre, que le Roi de Prusse a agi généreusement envers son voisin, qu'il n'a pas profité de ses embarras, mais qu'il

a plu-

Regio archiducali appresso firmari jussimus. Dabantur Viennae die prima mensis Augusti 1790. *Regnorum Nostrorum primo.*

(L. S.) Leopoldus.

Kaunitz Rittberg.

Ad Mandatum Sacrae Regiae Apostolicae Majestatis proprium.

J. de Sperges.

Ratification.

---

a plutôt efficacement contribué à faire rentrer la cour de Vienne dans la possession tranquille de ses Provinces agitées par des divisions intestines & le mécontentement des sujets. Le C. de H. peut surtout assurer avec vérité & une conscience très nette, que toutes les fois, que des émissaires des sujets Autrichiens mécontens se sont adressés à lui, il leur a toujours répondu: *qu'il ne s'intéresseroit jamais pour des sujets mécontens d'une Puissance avec laquelle le Roi étoit encore en paix.* On ne doit pas mettre sur son compte ce que d'autres particuliers non autorisés peuvent avoir dit ou fait de leur chef.

Ratification du Roi de Pruſſe de toute la Convention de Reichenbach.

Nous Frédéric Guillaume, par la grace de Dieu, Roi de Pruſſe &c. &c. &c. Savoir faiſons à quiconque appartient: Comme Nous ſommes convenus avec Sa Majeſté le Roi d'Hongrie & de Bohème, de faire entamer une négociation par des Miniſtres Plénipotentiaires, aſſemblés dans la ville de Reichenbach en Siléſie, tant pour raffermir la bonne harmonie & intelligence entre Nos deux maiſons Royales, que pour rétablir la paix entre Sa dite Majeſté le Roi, d'Hongrie & de Bohème & la ſublime Porte Ottomanne, & notre Miniſtre chargé de nos pleinspouvoirs ayant conclu, ſigné & échangé avec les Miniſtres de Sa Majeſté le Roi d'Hongrie & de Bohème également munis de ſes pleinspouvoirs à Reichenbach le 27 Juillet les trois déclarations ſuivantes: (*ici ſuivent en entier les trois déclarations qui ſe trouvent ci-deſſus ratifiées par le Roi d'Hongrie & de Bohème.*) Nous, ayant vu & mûrement examiné les trois déclarations qui ſe trouvent ci-haut, Nous les avons accepté, confirmé & ratifié, comme Nous le faiſons par la préſente, préfente, promettant en en parole de Roi pour Nous & pour Nos fucceffeurs, de remplir & d'obferver religieufement tout ce qui eft contenu & promis dans ces déclarations, d'y tenir la main & de ne pas permettre qu'il y foit contrevenu. En foi de quoi Nous avons figné cette Ratification de Notre main, & l'avons fait munir de Notre fceau Royal. Fait & donné à Schönwalde en Siléfie le 5. du mois d'Août 1790. la quatrième année de Notre règne.

(L.S.) Fréderic Guillaume.

E. F. Comte de Hertzberg.

Dans le moment, que les articles de la Convention de Reichenbach furent fignés par les Miniftres Plénipotentiaires du Roi de Pruffe & du Roi d'Hongrie & de Bohème, les deux Miniftres du Roi de la Grande-Brétagne & des Etats Généraux des Provinces Unies des Pays-Bays, qui avoient affifté aux Conférences, donnèrent là-deffus au nom de leurs Sourains le fuivant

Acte de Garantie des Miniftres des Puiffances maritimes.

Les fouffignés Envoyés extraordinaires & Miniftres Plénipotentiaires de S. M. le Roi de la Grande-Brétagne & de Leurs Hautes Puiffances les Etats Généraux

Généraux des Provinces Unies des Pays-Bas, Joseph Ewart & Arent Willen Baron de Reede, s'engagent au nom de leurs cours respectives, mais sous la réserve de leur entière approbation & ratification, & d'après la demande faite par les deux hautes parties contractantes, Leurs Majestés le Roi de Prusse & le Roi d'Hongrie & de Bohème, à leur garantir mutuellement l'exécution entière des engagemens pris dans les Articles énoncés dans la déclaration de S. M. le Roi d'Hongrie & de Bohème, ainsi que dans la Contre-Déclaration & la Déclaration séparée touchant les Pays-Bas donnée par S. M. le Roi de Prusse, échanges entre les deux cours respectives, pour autant que cette Déclaration séparée n'est pas en contradiction avec la réserve donnée par les deux Ministres maritimes en date du 27. Juillet 1790, & tel que les différentes pièces sont inserées ci-dessous.

"On a inséré ici les trois déclaration respectives "des Plénipotentiaires Autrichiens & Prussiens "du 27. Juillet.„

Ils promettent de plus (& sous la même réserve d'approbation & de ratification) que leurs cours respectives enverront au plutôt des Ministres munis des Pouvoirs néceſſaires, pour assister aux Négociations finales de la Paix, dans l'endroit qui sera ultérieurement déterminé à cet effet & tenir les Conférences ſous leur concurrence & médiation. En foi de quoi ils ont ſigné le préſent acte & l'ont muni du ſceau de leurs armes.

Reichenbach le 27. Juillet 1790.

(L. S.) Ewart. (L. S.) Reede.

Dès que la Convention de Reichenbach eut été ratifiée par les deux Souverains, leurs armées furent disloquées & retournèrent peu à peu dans leurs anciens quartiers. Le Roi ſe rendit auſſi peu après à Breslau où le C. de H. le ſuivit.

Comme la Negociation tant de l'armiſtice que de la paix définitive entre la Cour de Vienne & la Porte Ottomanne, devoit ſe faire ſelon la teneur de la Convention de Reichenbach, ſous la médiation & la garantie du Roi de Pruſſe, Sa Majeſté dépêcha encore du camp de Schönwalde le Colonel Comte de Luſi, muni des inſtructions néceſſaires pour ſe rendre à Vienne & de là aux deux armées, pour y travailler à la concluſion d'un armiſtice. Ce Miniſtre plénipotentiaire y réuſſit ſi bien & ſi vite, que le Prince de Saxe-Cobourg, comme Général Commandant de l'armée Autrichienne & le Vizir Haſſan Pacha conclurent par la médiation & ſous la ſignature du dit Miniſtre Pruſſien, le Colonel Compte de Luſi, le 19me Septembre 1790 à Giurgewo le ſuivant

Acte

Acte d'Armiſtice.

En conſéquence de la Convention, ſignée le 27. de Juillet 1790 à Reichenbach, entre les Miniſtres plénipotentiaires des ſéréniſſimes & très puiſſans Princes, le Roi Apoſtolique de Hongrie & de Bohème & le Roi de Pruſſe, par laquelle S. M. Apoſtolique s'eſt engagée à conclure un armiſtice général & enſuite une paix définitive avec la ſublime Porte Ottomanne, ſous la condition de rendre à celle-ci toutes les conquêtes faites ſur elle depuis la dernière rupture, & en promettant de ne ſe mèler plus de cette guerre & de ne prêter aucun ſecours, ni direct ni indirect à la cour de Ruſſie contre la Porte, mais d'obſerver une exacte neutralité entre les deux cours encore belligérantes, & cette convention ayant été approuvée & acceptée par l'Empire Ottoman, les deux hautes cours ont autoriſé d'une part le Séréniſſime *Prince de Saxe Cobourg*, Feld-Maréchal des armées autrichiennes, Grand-croix de l'ordre de Marie Thérèſe, & de l'autre l'excellentiſſime Seigneur *Cherif Haſſan Pacha*, ſuprème Viſir de l'Empire Ottoman, à conclure entre les armées Autrichiennes & Turques, un armiſtice, pendant lequel elles nommeront des Miniſtres plénipotentiaires, pour aſſiſter en leur nom au congrès, où l'on conclura définitivement la paix, & où ſe rendront également,

 comme

comme médiateurs & garants futurs au nom de leurs maitres, les Ministres de S. M. le Roi de Prusse, & de ses hauts alliés le Roi de la Grande-Bretagne & les Etats-Généraux des Provinces Unies. En vertu de ce pouvoir, & après s'être mutuellement communiqué leurs idées, les deux Commandans généraux des armées réspectives, sont convenus, par l'entremise de Mr. le *Comte de Lusi*, Colonel d'Infanterie, Chévalier de l'ordre pour le Mérite militaire, Ministre plénipotentiaire de S. M. le Roi de Prusse, comme *médiateur & garant de la paix future*

1. Que du jour où l'acte présent a été signé, c'est à dire du 19. de Septembre 1791, toutes les hostilités cesseront par terre & sur eau entre les armées Autrichiennes & Ottomannes; que d'abord après, & le même jour s'il est possible, l'un & l'autre Généralissime expédieront des couriers à tous les officiers & à tous les corps soit Autrichiens, soit Ottomans, pourque, dès le moment où ces couriers auront pu arriver à leur destination, le même armistice existe sur toute l'étendue des frontières respectives, tant le long du Danube, que du coté de la Servie & de la Bosnie; que les armées des deux Empires resteront jusqu'à la signature de la paix en possession des provinces & des places, qu'elles occupent actuellement; qu'on s'abstiendra avec le plus grand soin de tout ce qui directement ou indirectement

rectement pourroit être regardé comme une mesure hostile; que de part & d'autre on donnera à tous les officiers & à tous les différens corps les ordres les plus rigoureux d'observer entre eux la plus parfaite tranquillité & la meilleure harmonie, & qu'on mettra des deux cotés une attention, scrupuleuse à éviter tout ce qui pourroit désormais troubler la bonne intelligence, que la prochaine paix doit rétablir solidement entre les deux Etats.

2. Que si, contre toute attente, il se commettoit après l'epoque fixée ci-dessus quelque incursion, dégat, enlèvement d'effets ou de personnes, ou autre voye de fait quelconque, les hautes parties s'obligent dans ce cas, à remettre en liberté les captifs, à restituer les effets enlevés, à évacuer les terreins envahis, à procurer enfin les satisfactions & les dédommagemens auxquels la partie lésée aura droit de prétendre, entre autres la punition exemplaire des auteurs & coopérateurs, si l'attentat a été commis après la Publication de l'armistice dans l'endroit dont ils ressortissent, par les juges compétens ou chefs respectifs.

3. Que, cet armistice ne se concluant, que pour laisser le tems, tant à la cour de Vienne & à la Porte, qu'à la Cour de Prusse & ses alliées, celles d'Angleterre & de Hollande, d'envoyer des plénipotentiaires au congrès, pour y traiter définitive-

 ment

ment de la paix, & comme il eſt également de l'intérêt des deux Etats, d'accélerer ce grand ouvrage, on promet de part & d'autre d'y procéder inceſſamment & de l'achever le plutôt poſſible, & que même, pour prévenir toute dilation quelconque, on s'engage à avoir conclu definitivement dans l'eſpace de neuf mois, de ſorte que le préſent acte ne ſera cenſé être en vigueur que du jour de ſa ſignature, juſqu'à la fin du mois de Mai 1791.

4. Qu'après les engagemens pris par les hautes parties, les armées Autrichiennes & Ottomannes, raſſemblées vis-à vis les unes des autres, devenant non ſeulement inutiles, mais même onéreuſes pour les deux parties, on les retirera de part & d'autre, en ne laiſſant ſur les frontières que les troupes qui s'y trouvent en tems de paix ou qui ſont néceſſaires pour la ſureté des provinces, que par conſéquent le Séréniſſime Prince de Saxe Cobourg ne gardera dans la Vallachie qu'un corps ſuffiſant pour y maintenir l'ordre & la tranquillité, & que les troupes qui compoſent ce corps, auſſi bien que toutes les troupes autrichiennes quelconques, n'entreront, ni en grand ni en petit nombre, dans les territoires de Tournow, Geurgewo & Ibraila; que réciproquement l'excellentiſſime Grand Viſir ne gardera en deça du Danube, le long des frontières de la Vallachie, que les garniſons néceſſaires aux trois dites forteresſes de Tour-

now,

now, Giurgewo & Ibraila, pour autant qu'à l'égard de cette dernière place le permettront les mesures à prendre pour la guerre qui malheureusement continue avec la Russie, mais que les troupes qui composeront ces garnisons, aussi bien que toutes troupes Ottomannes quelconques, n'entreront, ni en grand, ni en petit nombre dans les limites de la Vallachie & des autres districts occupées par les Autrichiens; que chacun naviguera librement avec des navires & bateaux sur le Danube, le long des côtés occupées par les troupes de son parti, mais sans s'approcher du rivage occupé par les troupes de l'autre, ni y débarquer, sauf le cas d'une tempête ou d'un accident imprévu où l'on se promet mutuellement tous les procédés de l'amitié & de l'humanité. De même il sera permis de remorquer les bâtimens de part & l'autre là, où la navigation du Danube l'exige.

5. Que lorsqu'on sera convenu de l'endroit où se tiendra le congrés, comme le siège d'un congrès doit être considéré comme un endroit parfaitement neutre, il n'y restera que le moins de troupes possibles & on prendra toutes les mesures qui pourront allier le mieux & la sureté de la ville, & la liberté du congrès.

6. Que du jour de la signature du présent acte la communication sera rouverte, comme en tems de paix, entre les provinces occupées par les troupes

Autrichiennes & Ottomannes, que les habitans, en produiſant les paſſeports, dont ils auront été munis par leurs cours reſpectives, pourront paſſer de l'une dans l'autre & s'y occuper de leurs affaires, ſans crainte d'être moleſtés; que s'il ſurvient entre eux quelques conteſtations, on cherchera à les appaiſer amicalement par la nomination de commiſſaires des deux cotés; en un mot, qu'on ſe prêtera mutuellement la main, pour que dès à préſent tous les ſujets jouiſſent autant que poſſible des avantages de la paix, qui va ſi heureuſement ſuccéder aux maux de la guerre.

Nous &c. déclarons avoir admis & accepté pour & au nom de notre très gracieux Roi & maitre les ſix articles cideſſus, promettant de les maintenir & de les faire maintenir, obſerver & faire obſerver ſur toute l'étendue des limites. En foi de quoi, nous avons ſigné les préſents articles de notre main & fait appoſer le cachet de nos armes.

Signé

Prince Coburg.

Cherif Haſſan, Grand-Vizir.

Luſi.

Après

Après que la base de la paix entre la Cour de Vienne & la Porte Ottomanne eut été jettée par la Convention de Reichenbach & par celle de l'armiſtice conclu à Giurgewo, la cour de Vienne, la Porte Ottomanne, comme parties principales & les trois Puiſſances médiatrices ſe concertèrent, en conſéquence de la Convention de Reichenbach, pour faire tenir un Congrès de Miniſtres plénipotentiaires de ces cinq Puiſſances, pour travailler à la paix définitive. Ce congrès fut ouvert le 30. de Decembre 1790. à *Sziſtowa*, ville Turque en Bulgarie à la rive droite du Danube. *Le Marquis de Luccheſini*, Miniſtre du Roi de Pruſſe auprès de la cour de Varſovie, aſſiſta à ce Congrès pour faire au nom du Roi la fonction de Principal *Miniſtre médiateur*, appuyé par les deux Miniſtres d'Angleterre & de Hollande, le Chevalier de Keith & le Baron de Haeften. La Négociation de ce congrès fut interrompue pendant quelque tems parceque les Miniſtres Ottomans & Autrichiens ne pouvoient pas convenir des ceſſions que ceux-ci demandoient; mais la Négociation fut repriſe par les ſuites d'une Négociation directe, que les cours d'Angleterre & de Pruſſe entamèrent avec l'Empereur, & par l'intervention efficace & énergique du Marquis de Luccheſini, les deux parties convinrent à la fin d'un Traité de paix définitif, qui fut ſigné à Sziſtowa le 4 d'Août 1791. On n'entrera ici dans aucun détail de cette Négociation iiportante, & on se dispense aussi de placer ici le 'raité de paix de Szistowa, qui est d'ailleurs assés cnnu au public. Le C. de H. a eu à la vérité comme Ministre du Cabinet Prussien, sa part à la directio de cette Négociation, jusqu'au mois de Mai; il a assi dressé la principale instruction du Mr. de Lucchesii & quelques Mémoires importans, dont le dernier a été mis à néant par un agrément des deux cours (V. la note p. 109.) Mais on n'a voulu insérer ici que des pièces publiques, & d'ailleurs le C. de H., étant sorti du Cabinet Prussien au commencement de Juillet 1791. ne peut s'attribuer aucune part à la fin & à l'issue de la paix de Szistowa, qu'autant qu'elle est fondée sur le Traité de Reichenbach. Le Roi de Prusse a sans contredit, & de l'aveu de tous les connoisseurs en fait de Politique, tout l'honneur de ces deux traités & celui d'avoir conservé l'équilibre du pouvoir dans la partie orientale de l'Europe. Sans son intervention énergique depuis l'année 1789, sans la marche de son armée en Silésie, & sans la vigueur de la Négociation & du Traité de Reichenbach, l'Empire Ottoman n'existeroit peut-être plus en Europe, ou auroit du moins été fort affoibli & rénvoyé loin au delà du Danube, & surement il n'auroit pas obtenu la restitution de tout ce que la cour de Vienne lui avoit ôté dans cette guerre. Le Roi a donné en

même

même tems des preuves non équivoques de ſa généroſité & de ſon amour pour la paix, puiſque non content, d'avoir fait gratuitement toute cette intervention très couteuſe, il a même ſacrifié des avantages non inſignifians, qui lui revenoient inconteſtablement de la Convention de Reichenbach, 1. pour ménager la dignité de la cour de Vienne, il a conſenti, que la Convention de Reichenbach ne fut pas *nommée,* ni citée dans le Traité de paix de Sziſtowa, comme ſa baſe, ce qu'elle l'eſt ſans contredit, & 2. il n'a pas inſiſté ſur *l'équivalent* proportionné, que ſelon les termes exprès de la Convention de Reichenbach, il pouvoit exiger pour les acquiſitions que la cour de Vienne a faites par le Traité de Sziſtowa, au delà du *ſtatus quo ſtrict avant la guerre,* ſavoir le bourg d'Orſowa & un diſtrict des montagnes de la Croatie, (p. 118. Note) qui au jugement des connoiſſeurs géographiques ſont d'un grand avantage à la maiſon d'Autriche, pour la défenſe de ſes frontières. La cour de Vienne doit ſavoir beaucoup de gré au Roi, de l'avoir ainſi diſpenſé de ces deux ſtipulations, dont la ſeconde auroit pu fournir aux frontières de la Siléſie Pruſſienne un grand ſurcroit de ſureté, & la première auroit contribué à établir encore mieux l'opinion publique de l'influence déciſive du Traité de Reichenbach ſur celui de Sziſtowa, (qui ne repoſe à preſent que ſur les faits) & rendre

la

la considération & l'influence de la Prusse dans les affaires générales d'autant plus éclatante. La même cour de Vienne doit être redévable au Roi, d'avoir été dispensée par les deux Traités de Reichenbach & de Szistowa de l'obligation d'assister la cour de Russie contre les Turcs & de partager avec elle les risques incertains de la guerre.

Pendant que le Roi & ses Alliés travailloient avec tant d'ardeur & de succès au rétablissement de la paix, entre la cour de Vienne & la Porte Ottomanne, ils ne cessèrent pas de s'employer au même but de rétablir la paix entre la cour de Russie & la Porte-Ottomanne & de procurer à celle-ci des conditions supportables. On sait, quels armemens firent les cours de Prusse & d'Angleterre dans le cours des années 1790 & 1791. On s'en tint pourtant aux négociations, qui furent entamées à St. Petersbourg par les Ministres des trois cours alliées & qui eurent assés de succès pour qu'on convint d'une *Convention préliminaire,* qui sera la base de la paix définitive entre la cour de Russie & la Porte Ottomanne, en vertu de laquelle la Russie gardera la ville & le district d'Oczakoff jusqu'au Dniester, & cette rivière doit faire la limite constante entre les deux Empires de Russie & de Turquie. Le *Comte de Hertzberg* eut encore sa part à la direction de cette Négociation, dans sa qualité de Ministre des affaires étrangères, jusqu'au commencement

ment du mois de Juillet 1791. où ce Miniſtre d'Etat fut obligé par des circonſtances imperieuſes & des raiſons urgentes, de démander au Roi une *dipenſe entière du maniement des affaires étrangères*, qu'il obtint auſſi & finit par là ſa carrière diplomatique de 47 ans de la quelle on a vu la ſurface ou un précis ſommaire dans le Recueil de ces Ecrits publics.

On pourroit ajouter ici la *Convention qui a été conclue* (encore pendant le Miniſtère du C. de H.) *le* 10. *de Décembre* 1790 *à la Haye entre le Comte de Mercy, Miniſtre Plénipotentiaire de l'Empereur & les trois Miniſtres Plénipotentiaires de Pruſſe, d'Angleterre, & de Hollande, pour la pacification des troubles des Pais-Bas Autrichiens*; mais on s'en abſtient, comme cette Convention ſe trouve déjà dans les papiers publics, & qu'elle n'a pas été ratifiée par les trois Puiſſances alliées, parcequ'elles n'ont pas pu accepter la Ratification *limitée*, que l'Empereur a voulu donner là-deſſus & qui ne répond pas tout à fait aux termes de la Convention même.

Memoires & correſpondance publique ſur l'affaire de Liége en 1788 — 1791.

Note circulaire envoyée aux Miniſtres Pruſſiens. Décembre 1789.

L'affaire de l'exécution de Liège fait trop de bruit & elle eſt rapportée & interpretée trop diverſement, pour qu'on ne croye pas néceſſaire, d'en faire connoître

Note. Comme on a réimprimé en ces trois Volumes les Traités, les Déductions, les Manifeſtes & autres écrits publics, que le *Compte de Hertzberg* a rédigé pendant ſon Miniſtère & qui ont déjà été publiés ci-devant: on croit devoir ajouter ici, pour ne pas interrompre auparavant le fil d'autres affaires plus importantes, *les Mémoires & les lettres* que ce Miniſtre a rédigé & écrit au nom du Roi pendant le cours de cette bruyante & fâcheuſe affaire, juſqu'à ce que Sa Majeſté s'en eſt retirée. Si l'on veut lire ces pièces ſans prévention & avec impartialité, ſi l'on veut y ajouter la lecture des Déductions plus amples que Mrs. de *Dohm* & *Küſter* ont publiées là-deſſus, on doit ſe convaincre, que le Roi & ſes Miniſtres ont agi dans l'affaire de Liège d'après des principes ouverts, juſtes & conformes, tant à la conſtitution qu'à l'humanité, & que ce n'eſt pas leur faute, que le pays de Liège a été réduit aux dernières extrémités par les caprices & les ménées d'un deſpotisme eccléſiaſtique.

noître les véritables circonſtances par un expoſé ſuccinct. Il eſt notoire, que le peuple de Liège fit au mois d'Août une révolution forcée & changea la conſtitution du pays, dans laquelle il ſe croyoit léſé par ſes Evêques ſurtout depuis l'an 1684; il dépoſa les magiſtrats, & en choiſit d'autres. L'Evêque y conſentit d'abord, mais peu après il révoqua ſon conſentement, en alléguant d'y avoir été forcé & ſe retira à Trèves; il refuſa auſſi la médiation du Roi, qui fut demandée par les deux Etats inférieurs de Liège. La Chambre Impériale de Wetzlar prit bientôt connoiſſance d'office de cette révolution, & prononça une ſentence, par laquelle elle annulla tout ce que le peuple de Liège avoit fait comme contraire à la paix publique & chargea les Princes Directeurs du cercle de Weſtphalie & du Bas-Rhin, d'exécuter cette ſentence à main armée, de dépoſer les magiſtrats intrus, de rétablir la précédente conſtitution ainſi que les magiſtrats depoſés, de rechercher, d'arrêter & de punir les auteurs de ces troubles. Les trois Directeurs du cercle de Weſtphalie qui ſont l'Electeur de Cologne comme Evêque de Munſter, l'Electeur Palatin comme Duc de Juliers, & le Roi de Pruſſe en qualité de Duc de Cleves, ſe chargèrent de cette exécution. Le Roi fit marcher pour cet effet 9 bataillons d'Infanterie ſous les ordres du Lieutenant-Général de Schlieffen & les deux Electeurs de Cologne & Pala-

tin

tin, ajoutèrent chacun mille soldats & les subordonnèrent au commandement du L. G. de Schlieffen comme ayant le corps de troupes le plus nombreux. Les Députés des trois trois Princes Directeurs du cercle, qui étoient déjà depuis longtems assemblés à Aix la Chapelle, pour une Commission d'exécution pareille dans cette ville, furent nommés & chargés par leurs Souverains, de présider à cette exécution, selon les loix de l'Empire. Les troupes des trois Princes Directeurs qui faisoint ensemble un corps de près de 6000 hommes, passèrent le Rhin & s'assemblèrent près de Mastricht, sous les ordres du Lieutenant-Général de Schlieffen, & étant accompagnées par les trois Conseillers Commissaires. Le Sr. de Dohm, Commissaire du Roi s'apperçut bientôt avec le L. G. de Schlieffen, que cette exécution ne pourroit pas se faire sans effusion de sang & pourroit même échouer, parce que le peuple de Liège, très nombreux & naturellement belliqueux, se préparoit à une forte défense, & étoit sûr d'être joint & appuyé par les Insurgens Brabançons leurs voisins, qui les invitèrent à faire cause commune. Les Liègois avoient aussi envoyé le Bourguemaître Fabri comme leur Député à Berlin, pour prier le Roi, de les protéger & de surseoir l'exécution, ce qui leur fut pourtant refusé & on les exhorta plutôt, de se soumettre aux ordres de la Chambre Impériale. Le Sr.

de

de Dohm propoſa donc à ſes Collègues, les Commiſſaires des Princes Co-Directeurs, d'adreſſer un ordre commun au peuple & aux Etats de Liège, par lequel on leur intimeroit & preſcriroit une ſoumiſſion volontaire & la dépoſition de leurs nouveaux magiſtrats, en les aſſurant dans ce cas de la ſureté perſonnelle, & d'une Régence intérimiſtique pour travailler à un accommodement entre les parties. Les Commiſſaires de Munſter & de Juliers rejettèrent abſolument cette propoſition, & addreſſèrent un ordre aux Etats & aux magiſtrats de Lièg de ſe ſoumettre ſans aucune modification à la ſentence de la Chambre Impériale. Le Sr. de Dohm étant aſſuré par les préparatifs qui ſe faiſoient à Liège, que les Liègeois feroient une forte réſiſtance à l'exécution & s'uniroient à l'extrémité avec les Etats Belgiques adreſſa aux magiſtrats de Liège un décret par lequel il leur annonça la ſureté perſonnelle, s'ils ſe ſoumettoient ſans réſiſtance aux ordres du Directoire & ſe démettoient de leurs emplois pour obéir à la ſentence de Wetzlar. On ajoûta que dans ce cas le Directoire établiroit une régence intérimiſtique à Liège, & tâcheroit de moyenner un accommodement entre l'Evêque & les Etats oppoſans, en prenant pour modèle la conſtitution de Liège qui a précédé celle de 1684. Les deux ordres inférieurs des Etats de Liège, ſe ſont ſoumis à cette déclaration, & là-deſſus les troupes Pruſſiennes & Palatines ſont tranquillement entré à Liège & ont pris poſſeſſion de la ville, de la citadelle & de tout le pays; mais les troupes de Munſter s'en ſont ſeparées & ont pris leur quartier dans le pays de Limbourg. La Chambre Impériale de Wetzlar vient de confirmer ſa première ſentence & a même voulu préſcrire aux Directeurs du cercle, d'employer à l'exécution de Liège d'autres Commiſſaires que ceux qui s'occupent de la Commiſſion d'Aix la Chapelle, changement arbitraire, qui ſeroit auſſi inutile que couteux & difficile. Les deux Commiſſaires de Munſter & de Juliers viennent de quitter Maſtricht & de retourner à Aix la Chapelle, apparemment pour abandonner la Commiſſion de Liège en conformité de la ſentence de Wetzlar, mais en emportant avec eux d'une manière ſingulière les 30000 florins, que les Etats de Liège avoient fourni au Directoire pour les fraix de l'éxécution, de ſorte que les troupes Pruſſiennes ſont obligées de s'entretenir de leur propre ſolde. Le Sr. de Dohm eſt reſté à Maſtricht avec le Général de Schlieſſen, qui a eu le malheur de ſe caſſer la jambe & n'en continue pas moins de diriger l'éxécution militaire à Liège. Les deux Princes Co-Directeurs, ſurtout celui de Munſter, qui vient d'envoyer ſon Conſeiller privé de Schall à Berlin, ſoutiennent à préſent: que le Roi avoit fait exécuter le contraire de la ſentence de la Chambre Im-

Impériale & que ſelon les loix de l'Empire il étoit obligé de l'exécuter littéralèment & ſelon la majorité des ſuffrages des deux Co-Directeurs du cercle, ceux de Munſter & de Juliers, qui avoient opiné pour une exécution ſimple & ſtricte de la ſentence. On s'abſtient de diſcuter ces principes, pour ne pas trop embrouiller l'état de l'affaire; mais la queſtion eſſentielle eſt, ſi ces principes ſont applicables dans le cas préſent, & ſi on peut exiger du Roi comme Duc de Clèves, qu'il expoſe un corps conſidérable de ſes troupes, avec le tiers des troupes Codirectoriales, pour attaquer une nation nombreuſe & belliqueuſe, prête à ſe porter à la réſiſtance la plus opiniatre & à être ſoutenue par ſes voiſins les Brabançons, qui ſe trouvent déjà dans le cas d'une inſurrection pareille. Une autre queſtion eſt, s'il étoit néceſſaire de ſe porter à ces extrémités in calculables, & cela pour que l'Evêque de Liège, qui avoit d'abord tout accordé aux deux Etats, pour rétablir la conſtitution de 1684, qu'on croit plus convenable au pays, & qui doit avoir été renverſée dans cet année par la violence de l'Evêque d'alors & qui s'eſt enſuite retracté, ſoit ſoutenu dans ſes volontés arbitraires, & s'il n'étoit pas plus convenable à la prudence, à la juſtice & au véritable bien du pays de Liège d'adopter la marche & le plan, que le Directoire de Clèves a tracé & propoſé. Le Roi perſiſte encore dans ce principe, & il eſt de

 l'opil'opinion, que le meilleur moyen d'abréger & d'arranger cette affaire fcabreufe & défagréable eft: "que les nouveaux magiftrats de Liège, qui font "entrés par la révolution, refignent leurs places en-"tre les mains du directoire du cercle; que ce di-"rectoire établiffe une regence intérimiftique à Liège, "felon le confeil & avec la concurrence de l'Evêque "& des Etats; que l'ordre & la tranquillité étant "ainfi rétablie, l'Evêque retourne dans fon pays; & "que les Commiffaires des trois Princes Directeurs "travaillent à un accommodement entre l'Evêque & "les Etats oppofans, & qu'on tâche de faire fous la "médiation de ces Commiffaires une nouvelle confti-"tution, auffi conforme que poffible au véritable "bien-être de l'Evêché de Liège, en confultant & "en prenant pour bafe la conftitution qui a précédé "la dernière de l'année 1684, que les Etats de Liège "fouhaitent tant d'avoir, & en l'appliquant aux cir-"conftances préfentes, mais fans pourtant la prendre "pour règle unique." De cette manière l'effence de la fentence de la Chambre Impériale fera remplie, quand même il manqueroit quelque chofe à la forme; les Etats oppofans de Liège & les magiftrats qu'ils ont placés, auront rempli la foumiffion qu'ils doivent à la décifion du fuprême Tribunal de l'Empire & à l'Evêque leur Prince; la tranquillité & l'ordre fera rétabli, & on aura le tems d'arranger de bonne

grace,

grace, ſans violence, & d'après les conſultations & avec le conſentement de l'Evêque & des Etats, une bonne conſtitution conforme aux véritables intérêts du Prince & des Etats, & on évitera les dangers & les horreurs d'une guerre civile, d'une ſubverſion totale de l'important Evêché de Liège & peut-être même ſa ſéparation de l'Empire Germanique. Tout le monde raiſonnable & impartial jugera d'après cet expoſé vrai & fondé ſur les faits, ſi le Roi n'agit pas dans cette occaſion comme un Prince patriote & zèlé pour le véritable bien, non ſeulement de la Principauté de Liège, mais auſſi de tout le corps Germanique, & ſi on pourroit lui faire le moindre reproche, si en cas que la Chambre Impériale, le Prince de Liège & les Co-Directeurs ne veuillent pas adopter cette marche, mais ſacrifier plutôt le ſort de l'Evêché de Liège aux formes nullement applicables au cas préſent, Sa Majeſté ſe retire de cette exécution & l'abandonne à ceux, qui veulent s'en charger & la conduire à ſa fin à leurs riſques.

Lettre du Prince Evêque de Liège au Roi de Pruſſe.

Les troubles de mon pays, qui m'ont forcé à le quitter, ont été accompagnés de trop d'excès & de violence, pour ne pas être parvenus à la connoiſſance de Votre Majeſté. La crainte de voir ſacrifier les

 per-

personnes qui m'étoient attachées, à la fureur d'un peuple irrité, m'a contraint à soucrire aux premiers recès de la prétendue nouvelle magistrature. Si j'ai resté inactif depuis ce tems, si j'ai différé de réclamer contre la nullité de ces sanctions, c'est que je me flattois pouvoir ramener par la douceur un peuple aveuglé par la colomnie. Aujourd'hui que cet espoir s'évanouit, que cette même prétendue magistrature s'arroge le droit de porter des Edits, & qu'elle employe, conjointement avec l'Etat Tiers la violence la plus marquée pour extorquer à l'état primaire le consentement à ses rèces, qu'elle pousse même l'audace jusqu'à forcer mon conseil privé à les sanctionner en mon nom, à mon insçu & contre mon gré, qu'on démolit la Citadelle, met en contribution des particuliers & des maisons religieuses, & qu'on chasse mes curés, maintenant, que les tribunaux sont formés par la proscription de leurs membres, & que le parti insurgent s'étant divisé, il se forme une guerre civile entr'eux accompagnée du meurtre & du carnage, je ne saurois plus résister à la voix impérieuse des obligations que j'ai contractées vis-a-vis de mon peuple, de mon chapitre & de Sa Majesté Impériale & différer plus longtems d'implorer l'assistance & la protection des hauts Directeurs du cercle de Westphalie.

Il est évident que, tant que la nouvelle magistrature subsistera, & tant que les auteurs de la rebellion

bellion feront fur pied libre, les Etats du pays & tous les honnêtes gens trembleront & n'oferont s'oppofer aux propofitions des infurgens, crainte d'une nouvelle révolte & d'une vengeance enfanglantée; qu'aucun citoyen n'ofera accepter la place de Bourgmeftre ou de confeiller de la ville, & que moi-même enfin je ferai obligé de refter en exil.

Voilà, Sire, les motifs, qui me déterminent à fupplier très humblement V. M. d'enjoindre à fes confeillers directoriaux du cercle, de s'occuper avant tout d'une reftitution plénière de la conftitution fur l'ancien pied & de l'éloignement des chefs de la rebellion, & de n'accepter une médiation quelconque avant que ces points préliminaires ne foyent rangés conformement au mandement de la Chambre Impériale. L'amour de la juftice & le généreux patriotifme pour la conftitution germanique que Votre Majefté a daigné manifefter en toutes les occafions, me font efperer, qu'Elle voudra bien accorder cette grace aux prières d'un Prince fugitif pour avoir été trop bon. Je ne cefferai de la reconnoître avec les fentimens les plus purs d'une reconnoiffance infinie, & du très-profond refpect avec lequel je fuis &c.

Sire

de Votre Majefté &c.

Trève, le 5. Octobre 1789.

le très-humble & très obéiffant ferviteur

l'Evêque & Prince de Liège.

 Réponfe

Réponse du Roi au Prince Evêque de Liège.

Mr. l'Evêque & Prince de Liège. J'ai reçu la lettre du 16. Octobre, par laquelle Votre Altesse me demande l'exécution plénière de l'arrêté, que la Chambre Impériale de Wetzlar a fait èmaner au sujet des troubles du pays de Liège. J'ai résolu de faire cette exécution, quelque onéreuse & difficile qu'elle soit pour moi, & de faire marcher pour cet effet un corps de mes troupes au pays de Liège sous les ordres de mon Lieutenant-Général de Schlieffen, pour accompagner mon Conseiller privé Directorial de Dohm & pour soutenir les mesures, que les circonstances pourront rendre nécessaires pour rétablir la tranquillité & le bon ordre dans l'Evêché de Liège. Je me flatte que V. A. voudra de son côté apporter toutes les facilités raisonnables & propres à opérer une conciliation entière des esprits & des arrangemens conformes au véritable bien du pays, à jetter la base d'un accommodement juste & permanent, & à prévenir des extrémités, qui pourroient rendre le séjour des troupes étrangères trop long & trop onéreux aux habitans, & laisser un germe de mécontentement dans le pays. Je crois donner dans cette occasion une preuve non équivoque de mes principes constitutionnels, ainsi que de ma bonne volonté & des sentimens favorables & distingués avec lesquels je suis &c.

Berlin le 2. Nov. 1789. Frédéric Guillaume.

Lettre

Lettre du Prince Evèque de Liège au Roi de Prusse.

Sire ! Permettez que je témoigne à Votre Majesté mes très-humbles remercimes pour les marques de Sa justice & de Sa magnanimité, qu'Elle a daigné me faire parvenir par Sa gracieuse lettre du 2. Novembre, par laquelle Elle m'a fait la grace de me dire, qu'Elle avoit résolu de faire l'exécution plénière de l'arrêté, que la Chambre Impériale de Wetzlar a fait émaner au sujet des troubles de mon pays.

Des sentimens si conformes à la justice & à la grandeur d'ame de Votre Majesté, & à Son zèle parriotique pour le maintien de la constitution & le soutien des Princes de l'Empire opprimés, me donnoient une pleine confiance d'en ressentir incontinent les benins effets, mais les insinuations doleuses & fausses des Insurgens d'une résistance à opposer aux troupes des trois Sérénissimes Princes Directeurs de la part de mes sujets, quoique la principale & la plus grande partie me reste attachée ont empêché le Ministre de Votre Majesté d'agir en tout de concert avec les Ministres des deux autres Sérénissimes Princes Co-Directeurs.

Cette conduite, Sire, m'allarme & mes bons & fidèles sujets; tout espoir de retour vers l'ordre & la tranquillité publique est perdu sans ressource, si Votre

Majeſté, ne me prête une main protectrice. J'oſe L'implorer avec les plus vives inſtances, je la conjure en mon nom & celui de mon bon peuple de ne me pas abandonner. Je ne puis, Sire, vous cacher notre trop malheureuſe ſituation; ma capitale eſt à la merci de quelques ſéditieux, qui tiennent tous les honnêtes citoyens ſous le joug, dans les craintes & les vexations; ils ſe ſont arrogés mon autorité, le droit & le commandement des armes, & ont établi un corps de troupes dans ma capitale: je ne peux moi même rentrer dans mon pays, j'ai dû l'abandonner pour n'être pas contraint d'accorder des choſes de la plus haute importance par leurs ſuites néceſſaires. Maintenant que les troupes de Votre Majeſté ont été reçues ſans la moindre réſiſtance, qu'il me ſoit intimement permis d'implorer Sa haute protection pour l'accompliſſement parfait du décret ulterieur de Wetzlar, en date du 4 de ce mois, inhéſif du premier, aſſurant Votre Majeſté qu'alors je me prêterai à apporter ſelon Votre conſeil, Sire, toutes les facilités raiſonnables & propres à opérer une conciliation entière des eſprits. Je ſuis avec les ſentimens du plus profond reſpect

Sire
de Votre Majeſté

Trèves, le 10. Déc. 1789.

le très-humble & très obéiſſant ſerviteur.

Conſtantin François Evêque & Prince de Liège.

Lettre

Lettre du Roi de Pruſſe à Mr. l'Evêque & Prince de Liège.

Mr. l'Evêque & Prince de Liège. J'ai très bien reçu la ſeconde lettre que Vous m'avez écrite en date du 10. de Décembre & par laquelle Vous m'avez requis, de faire plénièrement exécuter dans l'Evêché de Liège les deux décrets de la Chambre Impériale du 27. Août & du 4. Déc. en conſéquence de la commiſſion, addreſſée pour cet effet aux trois Princes Directeurs du cercle de Weſtphalie, dont j'en ſuis un en qualité de Duc de Cléves. J'ai différé de répondre à cette lettre, juſqu'à ce que j'aye eu le tems, de prendre les informations néceſſaires de la veritable ſituation des affaires du pays de Liège. Je me vois obligé, de dire maintenant à Votre Alteſſe, que je n'ai pu, & ne me trouve pas encore dans le cas de pouvoir faire exécuter toute l'étendue des deux ſusdits décrets de la Chambre Impériale, qui portent en ſubſtance: de rétablir tout l'état de l'Evêché de Liège, tel qu'il a été avant la révolution, de dépoſer les magiſtrats intrus, de rétablir les anciens magiſtrats & de faire arrêter, rechercher & punir les fauteurs des troubles. Quoique je n'ignoraſſe pas d'abord la difficulté d'exécuter cette commiſſion, j'ai pourtant répondu, à la première requiſition de V. A. par ma lettre du 2. Novembre, que je feroi marcher un corps de de troupes sous les ordres de mon Lieutenant-Général de Schlieffen pour rétablir la tranquilité & le bon ordre dans l'Evêché de Liège, mais que je m'attendois aussi de la part de V. A. qu'Elle voudroit de son côté apporter toutes les facilités raisonnables & propres à opérer une conciliation entière des esprits & des arrangemens conformes au véritable bien du pays, & à jetter la base d'une accommodement juste & permanent & à prévenir des extrémités, qui pourroient rendre le séjour des troupes étrangères trop long & trop onéreux aux habitans, & laisser une germe de mécontentement dans le pays. C'est dans cette supposition très juste, que mon Général de Schlieffen mena en effet un corps de 5000 hommes d'Infanterie, du double plus fort, que n'est le contingent des Princes mes Co-Directeurs, des bords du Weser & du Rhin jusquà ceux de la Meuse dans la plus mauvaise saison avec autant de fraix que de peines. Ce Général s'apperçut bientôt, qu'avec le corps de troupes qu'il avoit sous ses ordres, il ne pourroit pas forcer un pays qui est habité par une nation également nombreuse, fière & toute armée, & dont une grande partie étoit déjà fort disposée à s'unir avec les Brabançons, qui étoient des lors sous les armes & qui réclamoient l'association de ce peuple, surquoi j'ai des preuves irrécusables en main. Le Sr. de Dohm, délégué de ma part pour cette commission, proposa donc

donc aux Commiſſaires des deux Princes Co-Directeurs d'adreſſer un décret commun du Directoire aux Etats de Liège, pour leur intimer, qu'on leur aſſureroit l'amneſtie s'ils promettoient tranquillité & obéiſſance, & ſi les nouveaux magiſtrats quittoient leurs emplois; que dans ce cas le Directoire du cercle tâcheroit d'établir une régence intérimiſtique dans le pays & la conſtitution de 1684, & qu'on pourroit enſuite traiter paiſiblement ſur l'arrangement des griefs & des différens & en particulier ſur le rétabliſſement de la conſtitution de 1684, qui tient ſi fort à coeur aux Liègois. Quelque modérée & quelque analogue que fut cette propoſition, elle fut rejettée par les Commiſſaires des deux Princes Co-Directeurs, qui inſiſtèrent avec une hauteur peu convenable envers mon Général & mon Commiſſaire ſur l'exécution plénière des décrets de Wetzlar & de la majorité de leurs ſuffrages, ſans avoir les moyens de les faire valoir. J'aurois pû dès lors rappeller mes troupes & abandonner une Commiſſion auſſi onéreuſe & auſſi mal reconnue; mais comme je pouvois prévoir, que cet abandon ne feroit qu'empirer la ſituation de l'Evêché de Liège & que les habitans de ce pays ne manqueroient pas de profiter de l'occaſion pour ſe rendre indépendants & pour ſe ſéparer même de l'Empire Germanique, j'ai cru ſervir & ſauver les véritables intérêts de V. A. & ceux de ſon

Evêché,

Evêché, en approuvant la marche, que le Sr. de Dohm a proposée aux Commissaires des Princes Co-Directeurs, comme la seule qui fut propre à prévenir les inconvéniens susmentionnés & à ménager aux parties intéressées le tems nécessaire pour se raviser & pour s'accommoder entr'elles. C'est par ces considérations, très supérieures à mon avis à celles d'une justice rigoureuse, & d'une convenance particulière avec la dignité de V. A. S. que le Sr. de Dohm a adressé aux Etats de Liège un décret conforme à sa susdite proposition, pendant que les Commissaires des Princes Co-Directeurs leurs en addresférent un très fort, qui leur enjoignoit, de se soumettre sans réstriction au décret de la Chambre Impériale. Les Etats de Liège se sont tout de suite soumis au décret de mon Commissaire, & c'est par ce moyen, que mes troupes & celles de mon Co-Directeur le Duc de Juliers sont entrées sans opposition dans la ville & la citadelle de Liège & ont rétabli la tranquillité dans tout le pays, en faisant aussi cesser les troubles qui se sont manifestés en quelques endroits & occasions. Je crois avoir donc mis en exécution à mes fraix & risques cette partie des décrets & de la sentence de la Chambre Impériale, qui en étoit susceptile; mais je ne me crois pas obligé par les Constitutions de l'Empire quelque sacrées qu'elles me soyent d'ailleurs, de faire des efforts encore plus considérables pour exécuter

cuter à forces & armées redoublées cette autre partie des décrets de Wetzlar, qui y ont été prononcés sans connoissance des circonstances locales, & de le faire principalement pour satisfaire aux formules de ce Tribunal suprême d'ailleurs très considéré par moi, ainsi qu'aux volontés de mes Co-Directeurs & à la roideur de V. A. Sme. pendant qu'Elle peut parvenir à son but d'une manière plus facile & plus sûre, par la voye que je Lui ai tracée. V. A. a été plusieurs fois & instamment invitée par mon Commissaire & par les Etats de Liège de revenir dans Son pays, pour y travailler à la pacification; Elle peut s'y rendre encore & jouir de toute la sûreté personnelle & du respect qui est dû à Ses qualités, tant par la soumission volontaire de Ses sujets, que sous l'assistance de mes troupes, & il me semble que V. A. devroit le faire encore sans hésiter & sans délai ultérieur, pour ouvrir une fois la voye de la conciliation si nécessaire dans cette affaire & pour profiter de la médiation du Directoire; Elle feroit même bien à mon avis de réquerir & de tâcher d'engager les Princes mes Co-Directeurs à entrer dans la proposition équitable que je fais dans les meilleures intentions, pour procurer la tranquillité & la paix à tout son Evêché. Je propose pour cet effet de nouveau à V. A. qu'Elle retourne sans délai à Liège, qu'Elle accepte la soumission de Ses sujets dont Elle est méconcontente & la démiſſion des nouveaux magiſtrats, qu'Elle établiſſe par un arrangement volontaire avec les Etats de Liège & ſous la médiation du Directoire du cercle une régence intérimiſtique & qu'Elle travaille enſuite tranquillement avec les mêmes Etats de Liège & ſous la médiation du dit Directoire du cercle à un accommodement général des différends qui ſubſiſtent dans l'Evêché & à une nouvelle Conſtitution, qui puiſſe réunir les véritables intérêts du Prince & de la nation & leur ſuffrage & conſentement commun, & en prenant pour baze autant que poſſible la Conſtitution de 1684, qui fait comme je l'ai déjà dit, tout le ſouhait de la nation Liègeoiſe & paroît très propre à concilier les intérêts de toutes les parties, peut-être avec des modifications dont je ne prétends pas être le juge, mais pour leſquelles je pourrai être un médiateur impartial. Il me ſemble que la marche que je propoſe à V. A. eſt ſi conforme à la juſtice, à l'équité naturelle, aux circonſtances actuelles du tems & de toute la conteſtation, ainſi qu'aux véritables intérêts & à la tranquillité de V. A. & de tout Son pays, qu'Elle ne devroit pas balancer un moment de l'accepter & qu'Elle devroit plutôt me ſavoir quelque gré, de Lui avoir procuré des moyens ſûrs & honorables, de rentrer dans Son pays, de Se réconcilier avec tous Ses ſujets & d'effacer par là en même tems, l'impreſſion ſiniſtre qui ne manqueroit pas de rester, si Elle continuoit à révoquer & à combattre un consentement, qu'Elle a publiquement reconnû avoir donné de plein gré à Ses sujets & ne vouloir jamais le contester sous aucun prétexte. Je me tiens persuadé, que si V. A. veut choisir la voye de la modération & de la conciliation que je Lui propose, Elle parviendra au but salutaire de s'accommoder avec les Etats de Son pays sans sacrifier des prérogatives essentielles & réelles de Sa principauté. Mais si Elle insiste invariablement sur l'exécution plénière & littérale des décrets de Wetzlar, je ne puis qu'abandonner cette besogne à d'autres, qui peuvent y trouver plus de facilité que moi, & dans ce cas il ne me reste pas d'autre parti à prendre, que de rappeller mes troupes de la Principauté de Liège & de rénoncer à toute cette commission, la délicatesse de mes principes ne me permettant pas de me prévaloir de la possession actuelle d'un pays que j'ai occupé, non par la force mais par composition & soumission volontaire des habitans. S'il en résulte ensuite par des cas possibles & même assez probables, du malheur pour V. A., si Elle & l'Empire venoient à perdre un pays aussi important, toute la responsabilité en resteroit à V. A., à la Chambre Impériale & aux Princes Co-Directeurs du cercle de Westphalie pour avoir choisi des mesures trop fortes & impraticables. Je serois même vengé, quoiqu'à regret, par ces ſortes d'évènemens, de ces critiques précipitées que l'on a portées quelque part contre mes procédés dans cette affaire & qui n'ont pas laiſſé de m'affecter. Je crois avoir ſatisfait pleinement, & au de là de mes obligations, à mes devoirs de la Conſtitution & du patriotisme, en rétabliſſant V. A. dans la tranquille poſſeſſion de Sa principauté, & en Lui procurant des moyens ſûrs & honorables de la pacifier entièrement. Je conjure encore une fois V. A. de profiter de ces offres que je Lui fais en bon ami & compatriote & de me rendre la juſtice de croire, que je ferai tout ce qui dépendra de moi, pour Lui pouver dans cette occaſſon importante, que je ſuis avec des diſpoſitions très favorables pour Sa perſonne & avec des ſentimens très ſincères &c.

Berlin, le 31. Décembre 1789.

Frédéric Guillaume.

Lettre

Lettre du Prince Evêque de Liège au Roi de Pruſſe, du 8. Fevrier 1790.

Sire! J'ai reçû la lettre qu'il a plu à V. M. de m'écrire le 31. Décembre dernier, en daignant répondre à celle, que j'avois eu l'honneur de Lui adreſſer le 10. du même mois.

Je n'ai jamais douté, Sire, & je ne douterai jamais de la loyauté & de la bienfaiſance de Vos ſentimens pour moi. Il y a trop de diſtance de Votre puiſſance à la mienne, de ma condition à la Vôtre, pour que Vous ayez jamais voulu me la faire ſentir, Vous ne voulez que mon bien, & celui de mon pays, j'en ſuis ſûr; mais en même tems que des intentions ſi pures de la part de V. M. ont dû me pénétrer de la plus ſenſible & de la plus profonde reconnoiſſance, quels regrets n'ai-je pas dû éprouver de leur voir ſortir des effets ſi contraires?

L'on ne s'eſt fait, Sire, & l'on n'a pû donner à V. M. que des idées peu exactes de la véritable ſituation des affaires du pays de Liège au moment où Vos troupes y ſont entrées; ſes moyens, ſes liaiſons, la diſpoſition de ſes eſprits, tout a paru exageré aux yeux de V. M.

La révolution du pays de Liège, Sire, n'a pas été un inſtant volontaire, au moment qu'elle s'opéroit, les ſept huitièmes de la nation la réprouvoient; je n'ai à me reprocher que de ne l'avoir pas crue; il n'eut fallu que la craindre, pour la prévenir & l'éviter; à peine étoit elle arrivée, qu'à l'exception de ceux qui l'opéroient, tout le monde en déploroit les ſuites & les effets; mais il étoit trop tard, les mécontens s'étoient emparés ſans obſtacle de l'eſprit & du bras de cette partie du peuple, qui n'a jamais rien à perdre; & qui attend toujours beaucoup des nouveautés. Depuis longtems les Liégeois en avoient été privés; c'étoit la ſeule choſe, qui leur ſembloit manquer à un bonheur, dont ils jouiſſoient à ſatiété ſous le gouvernement le plus doux, le plus tempéré, qui ait jamais exiſté, & auquel certainement je n'ai jamais imaginé de rien changer.

Je ne Vous répèterai pas, Sire, l'uſage que firent les mécontens du pouvoir qu'ils venoient d'uſurper, dont ils venoient de me dépouiller; je pourrois à peine rien en apprendre à V. M. dont ils ne ſe ſoyent eux-mêmes vantés. On ne me laiſſa que la faculté de fuir & de m'évader; à peine en avois-je profité, que j'appris que mon juge, & celui de mes ſujets, auſſi juſtement indigné de ſe voir mépriſé, que touché de me voir opprimé, venoit de livrer à la vindicte publique de l'Empire les auteurs de notre commun outrage.

Vous

Vous daignates, Sire, accepter d'être un des augustes instrumens, je ne dirai pas de cette vengeance, toute glorieuse qu'elle fut, mais bien d'une protection aussi profondement vue & réfléchie, qu'elle étoit nécessaire au maintien & à la consistence de l'Empire même.

Il avoit sous les yeux, cet Empire, les Exemples éclatans, que V. M. venoit de donner de Son attachement à sa vénérable constitution; Elle venoit de montrer que les liens du sang, de l'amité, & même des traités, n'étoient rien pour Elle en comparaison de ce dévouement vraiment patriotique. A ces traits que ne devoit pas attendre l'Empire? Que ne devois-je pas attendre moi même, lorsque l'Empire confioit le rétablissement de ma personne & de mes droits à la direction d'un cercle où V. M. siègeoit? Aussi ceux qui pouvoient avoir à craindre d'une si puissante coopération n'en craignoient-ils pas moins, que n'en espéroient ceux, qui avoient à en espérer.

Les troupes de V. M. marchoient, Mr. le Général de Schlieffen les commandoit; les insurgens, qui avoient mis tout en œuvre pour les arrêter, en désespéroient; sainement consternés & abatus, sainement pénétrés de la nécessité de se soumettre, ils se soumettoient: l'insurrection s'étoit propagée de la capitale aux villes, la soumission marchoit à grands

 pas

pas des villes à la capitale. Les chefs, les auteurs de l'infurrection, ces gens, qui ont toujours voulu me méconnoître, qui craignoient de moi plus qu'ils n'avoient à craindre, qui ignoroient que les premières paroles, que j'adreffois à Votre Général, étoient pour lui recommander tous mes fujets, pour lui dire que je ne voulois pas la perte, mais le retour & la converfion de ceux, qui s'étoient égarés; oui, Sire, ces gens avoient plié bagage, ils partoient, ou ils alloient partir; ils fuyoient agités de leurs propres remords devant un Prince qui ne les pourfuivoit pas. Qu'avoient-ils donc à craindre, finon les reproches de leurs concitoyens, finon les vengeances de ceux qu'ils avoient abufés?

Voilà, Sire, les feuls excès, les feuls dangers que les troupes euffent eu à écarter.

Les Brabançons, Sire, tout échauffés qu'ils étoient, n'avoient pas méconnu le défavantage de s'unir aux Liégeois; ils favoient que leur caufe ifolée n'avoit que leur Souverain à craindre, que confondue avec celle des Liégeois, elle devoit, outre l'animadverfion de ce Souverain comme chef de l'Empire, provoquer contre elle les cenfures & les efforts réunis de l'Empire entier. Si l'infurrection Brabançonne encore naiffante & peu heureufe a pu penfer un moment différemment, je crois pouvoir très-humblement affurer V. M. que cette infurrection plus for-

formée n'a pas cessé de penser ainsi: dun autre côté, si quelques individus de l'insurrection Liègoise ont cru, en s'unissant aux Brabançons pouvoir se soustraire à leur dépendance de l'Empire, j'ose espèrer qu'on n'aura jamais à reprocher au peuple, & beaucoup moins aux Etats de Liège, d'avoir un instant donné dans un projet si noir & si perfide. Eh que n'auroit pas l'Empire à craindre, si aux yeux du plus puissant de ses Princes, des sujets quelconques pouvoient avoir gagné quelque chose à se livrer à de pareils projets? C'est dans ces vues cependant, & sous ces rapports de la situation du pays de Liège & de son voisinage; qu'on est parvenu à faire agréer à V. M. la declarotoire émanée du Haut Directoire de Cléves le 26. du mois de Novembre dernier, cette déclaratoire, dans la disposition de laquelle des Liégeois auroient tant gagné à se révolter contre l'Empire & contre moi.

L'origine de cette pièce, Sire, & plus encore l'aveu qu'il a plu à V. M. de lui donner, me fait une loi de ne point la juger ni pour ce qu'elle est dans ses rapports avec la constitution de l'Empire & celle des cercles qui le composent. J'omettrai même d'en parler dans ses rapports avec les droits & la constitution particulière de ma Principauté, & je ne permettrai d'en exposer à V. M. que les faits & les effets qui en sont résultés.

 L'ap-

L'approche des troupes du cercle, que les coupables de Liège n'avoient fçu arrêter, fembloit ne plus leur laiffer que le choix de fuir, ou de fubir le chatiment, qu'ils ne pouvoient fe diffimuler d'avoir mérité. Leurs propos, leurs démarches, tout annonçoit leur jufte confternation. La déclaratoire du 26. paroît, & tout prend un autre afpect: ces patentes d'impunité font imprimées, publiées & répandues partout comme un éclair; partout l'audace & la témérité fuccèdent à la crainte; tous les fignes de l'infurrection, les armes, les uniformes, les écharpes, les cocardes, qu'on dépofoit, qu'on cachoit un moment avant la déclaratoire ont réparu le moment après; on a ofé les faire fervir à décorer le cortége des troupes qu'on reçevoit. La déclaratoire eft devenue la loi des loix; celles de l'Empire, celles du cercle n'ont plus été refpectées; les ordres, qui en émanoient, ont été méprifés: fi on ofoit les publier, les afficher, ils étoient à l'inftant même arrachés, foulés aux pieds, blamés, profcrits & qualifiés comme des manèges & des entreprifes procurées par des ennemis de la patrie, de l'ordre & de la tranquillité publique; bientôt on n'a plus rien ofé publier, pas même les fentences de l'Empire; les villes, même celles qui s'étoient foumifes, ont repris les fignes & les procédés de l'infurrection: celles qui ont voulu fe foumettre, Huy & autres, ont été dénoncés & traitées comme

comme ſi elles attentoient à l'ordre, au repos, & à la tranquillité publique. Ce n'eſt point à l'inſçu de Vos troupes, Sire, mais ſous leurs yeux, que tout cela ſe paſſe & s'eſt paſſé; c'eſt ſous leurs yeux que l'inſurrection encore armée gouverne encore; c'eſt ſous leurs yeux, que ſa troupe déloge le peu de troupes, les gardes du corps, qui me reſtoit encore: c'eſt ſous leurs yeux, que des Officiers de mon régiment déſarmé ont été maltraités pour avoir porté les marques du ſervice & de la fidélité qu'ils m'avoient jurée; c'eſt ſous leurs yeux en un mot, Sire, que l'inſurrection a dominé & domine encore à Liège, au point que la commiſſion établie pour la contenir & la reprimer n'oſe encore s'y préſenter. Que V. M. daigne Elle-même juger après cela ce qu'Elle peut croire, ce que je puis croire du rétabliſſement de l'ordre & de la tranquillité dans mon pays, & qu'Elle décide ſi ce ſont là pour moi des moyens ſûrs & honorables d'y retourner.

Vous me rappellez, Sire, pour me le perſuader, & comme s'il ne s'y étoit rien paſſé que de mon gré, des déclarations, que j'ai faites en fuyant; mais eſt-on libre, quand on fuit? Non, Sire, & il ne peut plus y avoir de doute pour nous à cet égard, depuis que le juge ſuprême de l'Empire a parlé.

V. M. ſemble me reprocher de mettre obſtacle aux voyes de modération & de conciliation, qu'Elle daigne me ſuggérer; je ne tiendrois pas à ce reproche, ſi j'avois à me le faire: ces voyes, Sire, ſoyez en perſuadé, ſont encore plus celles de mon coeur que celles de mon Etat; mais hélas! elles dépendoient bien plus de moi, nous en étions bien plus près avant la déclaratoire de Cléves qu'après: nous touchions au moment de voir les choſes remiſes dans l'état où l'inſurrection les avoit priſes. C'étoit l'état, où il falloit les revoir pour juger, ſi l'inſurrection avoit eu aucun motif, aucun grief fondé; c'étoit d'un pareil fondement, plus ou moins conſtaté, que la révolution pouvoit plus ou moins ſe juſtifier; c'étoit de ces motifs plus ou moins avoués par le voeu de la Nation clairement & librement exprimé, que V. M., ainſi que les Séréniſſimes Princes Co-Directeurs du cercle auroient pû juger du véritable état des affaires, de la vraie diſpoſition des eſprits du pays de Liège, de ce qu'il y auroit eu de vrai ou d'exagéré dans la fermentation qui venoit de ſe calmer, & du redreſſement convenable & néceſſaire aux griefs & aux abus, qu'on eut trouvé vraiment exiſter. Oui, Sire, nous touchions à ce moment de vérité, lorſque la déclaratoire de Cléves, prenant en quelque façon à partie & l'Empire & le cercle, dont elle ſe ſéparoit, a fait naître des conſidérations, des convenances, & des intérêts, qui n'étoient plus ſimplement les miens, & ceux de

mes

mes fujets, des intérêts, qui fe lioient avec les miens, mais qui ne dépendoient pas de moi.

Quoiqu'il en foit, je ne doute nullement, Sire, que les Hautes parties intéreffées, à la tournure chaque jour plus compliquée de cette affaire, ne défirent, comme V. M. & autant que moi, de la voir promptement terminée. Dans Sa lettre du 31. Décembre dernier, V. M. daigne encore m'affurer qu'Elle n'entend la terminer que d'un commun accord de fuffrages & de confentemens que d'une façon propre à réunir les véritables intérêts du Prince & de la nation. Sur cette bâfe, d'après les principes & les difpofitions qu'Elle fuppofe, rien ne s'oppofe plus, ce femble, à ce que cette affaire foit maintenant réfumée dans l'état où elle étoit encore le 25. du mois de Novembre dernier, & rétrogreffivement ramenée jufques là, où toutes chofes & toutes perfonnes quelconques fans exception fe retrouvent dans l'état où elles étoient immédiatement avant la révolution; alors la nation fera légalement & conftitutionellement affemblée, je ferai a fa tête, nous ferons tous également fous la protection de l'Empire & du cercle; rien n'empêchera plus que l'on ne conftate quels font les voeux & les défirs de la nation fur fa conftitution, fur fes affaires, & fur la révolution même. On pefera, on calculera la caufe & les effets de chaque chofe, ceux de la conftitution de 1684, comme de toute autre.

autre. Ce ne ſera qu'alors que V. M. pourra vraiment juger ſi cette conſtitution fait réellement le ſouhait ou le grief principal de la nation Liègeoiſe. Pour pouvoir s'entendre & s'arranger, il faut néceſſairement pouvoir s'expliquer; on le pourra, on ſera libre, on parlera librement, mon autorité, & celle des loix rétablie par l'autorité encore préſente de l'Empire & du cercle ſerviront à contenir un chacun dans les bornes modérées de ſon ſuffrage & de ſon opinion. Quiconque aura eu un ſuffrage à donner avant la révolution, le donnera encore juſqu'à ce qu'il en ſoit autrement décidé. La nation en un mot, & la nation ſeule, parlera, & ſera écoutée.

Je ſuis perſuadé, Sire, que cette marche, ſimple & naturelle vers la vérité, eſt tout à fait conforme aux intentions juſtes & équitables de V. M., & que ſi Elle ne les a pas tout à fait ainſi exprimées, ce n'eſt qu'à défaut de connoître plus particulièrement les détails de notre belle & bonne conſtitution. J'oſe Vous l'aſſurer, Sire, & j'ai pour moi le témoignage des étrangers, qui ont eu l'occaſion de l'approfondir il en eſt peu d'auſſi heureuſes. Loin de vouloir la changer, il ne faut que la répurger des vices & des abus, que tous les établiſſemens des hommes contractent inévitablement par le laps des tems; le meilleur moyen pour cela, d'après l'avis de l'immortel auteur de l'eſprit des loix, c'eſt de les rapprocher

cher autant que possible, & autant que les tems mêmes le permettent, de la simplicité primitive de leur institution.

Voilà, Sire, la glorieuse opération, qui marchant à la suite de mon rétablissement & du retour de l'ordre dans mon pays, pourra pour longtems encore en assurer la paix & la prospériré.

J'ose espérer, Sire, que la Chambre Impériale & les Sérénissimes Princes Co-Directeurs du cercle, daignant favorablement accueillir les instances que je leur présenterai à cet effet, & voyant cette affaire fourvoyée reprendre sa marche primitive regulière & constitutionelle, daigneront aussi sacrifier toute autre considération particulière au plaisir qu'ils auront de concourir ainsi avec V. M. à mettre fin aux calamités du pays de Liège, en le guérissant radicalement d'une contagion, qui a menacé & qui menace encore l'Empire entier.

Ce bienfait d'un prix inestimable, dont je devrai une si grande part à la bonté & à la puissante coopération de Votre Majesté, ne peut Lui être qu'un garant sûr & immanquable de mon empressement pour

tout

tout ce qui pourra Lui plaire, & Lui prouver la vive réconnoiſſance & le profond reſpect, avec lequel je ſuis

Sire

de Votre Majeſté

Trèves, le 8. Fév. 1790.

le très-humble & très-obéiſſant ſerviteur,

Conſtantin François Evêque & Prince de Liège.

Lettre de S. M. le Roi de Pruſſe au Prince Evêque de Liège, du 9. Mars 1790.

Mr. le Prince & Evêque de Liège. J'ai expoſé à V. A. dans une lettre du 31. Décembre de l'année paſſée mes ſentimens francs & ſincères ſur les malheureux troubles qui ſe ſont élévés dans le pays de Liège, & j'ai fait dans cette lettre des propoſitions d'accommodement, que j'ai crus & que je crois encore juſtes, moderées & ſeules propres à donner une iſſue raiſonnable à cette fâcheuſe affaire. J'ai ajouté à la fin de ma ſusdite lettre, que ſi V. A. ne vouloit pas accepter mes propoſitions, & ſi Elle inſiſtoit ſur l'exécution plénière du décret de la Chambre Impériale, j'étois prêt de rappeller mes troupes de la principauté de Liège, & d'abandonner cette commiſſion, que je croyois ne pouvoir pas exécuter avec juſtice & honneur. Je devois m'attendre que

que V. A. répondroit à ma propofition claire & précife & à ce que je crois jufte, de la même manière; mais Elle a trouvé à propos, de répondre à ma lettre du 31. Décembre fix femaines après, par une lettre du 8. Février dans laquelle, au lieu d'une déclaration déterminée fur ma fusdite propofition dilemmatique, je ne trouve que des déclamations fur des points de droit aifées à refuter, fi j'en avois l'envie & le loifir, & un amas de faits non prouvés, faciles à détruire, & en partie déjà réfutés par ma fusdite lettre, ce que trouvera tout lecteur impartial qui voudra comparer les deux lettres. La fin & l'effentiel de cette déclaration fe reduit à ce que V. A. ne veut Se prêter à aucune médiation ni compofition, avant que l'état des affaires de Liège ne foit entièrement rétabli fur le pied où il a été avant la déclaration de mon directoire du 26. Novembre, ou plutôt & en effet avant la révolution du 17. Août, & felon le fens littéral des deux décrets de la Chambre Impériale. Je ne révoque pas en doute l'obligation des fentences refpectables de ce Tribunal fuprême; je les exécuterai toujours quand cela eft poffible, avec cette exactitude & impartialité conftitutionelle, dont je me fuis fait une loi, & dont j'ai donné plus d'un exemple pendant le cours de mon règne; mais j'ai été convaincu dès le commencement de cette affaire par les rapports de mes délégués, à l'intelligence &

à la

à la droiture desquels je dois me confier, & j'ai déclaré tant de fois en conséquence, que je ne pouvois pas faire cette exécution plénière avec un corps de 6000 Soldats contre une nation dix fois plus nombreuse, belliqueuse & prête à se joindre à ses voisins les insurgens Brabançons, sans exposer l'honneur de mes armes & même la dignité de la Chambre Impériale & celle du triple directoire au risque d'un affront presque certain, n'ayant aucune obligation ni vocation d'employer une plus grande partie de mes forces pour une affaire de cette nature, qui me paroît très équivoque dans le fond, mais dans laquelle je suis très impartial, comme je puis protester avec vérité. Je crois bien que mes troupes pourroient faire à présent une exécution plénière des décrets de Wezlar depuis qu'elles sont en possession de la ville & de la citadelle de Liège, & qu'elles ont en quelque manière désarmé les Liègeois; mais comme cela s'est fait par une soumission volontaire & par une sorte de capitulation, les droits de l'honneur & de la droiture ne me permettent pas que j'abuse de la confiance de la nation Liegeoise, & que j'exécute contre elle par la force les volontés arbitraires de V. A. & de Ses Conseillers, mais je me verrois obligé en conscience de leur remettre la principauté de Liège dans l'état dans lequel je l'ai trouvé lorsque mes troupes l'ont occupée. Je pourrois le faire sans fans aucun reproche; je pourrois ainsi abandonner V. A. & la nation Liégeoise à leur sort, à leurs résolutions réciproques & à leurs propres forces. Si V. A. continue à douter de mes suppositions, & si Elle se croit sûre de $\frac{7}{8}$ de la nation Liègeoise, & qu'on pourroit faire l'exécution plénière avec quelques bataillons des troupes du cercle, Elle pourroit en faire l'essai alors à son bon plaisir; mais comme j'ai quelque lieu de prévoir, que cela ne pourra pas réussir, & qu'il en résultera une guerre civile qui peut mener à ruiner totalement la principauté de Liège, & à la séparer même du corps de l'Empire germanique, je veux encore une, mais la dernière fois, offrir à V. A. des moyens de conciliation, que je crois justes, raisonnables & moderés, & tels qu'ils pourront à mon avis servir à concilier les intérêts de V. A. & ceux des Etats de Liège, ainsi que les droits, les prérogatives & l'autorité de la Chambre Impériale & de Directoire du cercle de Westphalie, que je suis toujours prêt de respecter & de maintenir & particulièrement le recès de Dorsten, dans tous les cas, où l'exécution des sentences peut se faire selon les règles de la justice ordinaire avec des forces médiocres & sans des efforts guerriers, & où il ne s'agit pas plutôt d'une médiation & composition, que les circonstances de l'affaire rendent nécessaires, comme c'est le cas présent de Liège.

Je propoſe donc à V. A. le plan ſuivant d'un arrangement général:

1) J'eſpère que V. A. voudra renoncer à cette idée dangereuſe de rentrer dans Son pays par la force des armes, & d'obtenir une exécution plénière & littérale des décrets de la chambre impériale & qu'Elle tâchera plutôt de pervenir au but heureux d'une réconciliation ſincère avec Ses ſujets par la médiation combinée du directoire du cercle & par la voye de la modération & de la compoſition.

2) Je ſouhaite ardemment que pour remplir les vues ſusdites, V. A. retourne ſans delai dans le pays de Liège. Je crois pouvoir Lui aſſurer & garantir avec les Princes mes Co-Directeurs non ſeulement toute la ſureté perſonnelle, mais auſſi toute la ſoumiſſion des Etats & de tous les habitans du pays de Liège, telle qu'elle eſt due à Son caractère & á Sa qualité d'Evêque & de chef de ce pays là. Je voudrois propoſer à V. A. d'envoyer ici des députés, comme il ſe trouve déjà ici les députés de la ville & du Tiers-Etat de Liège, pour travailler ici à un accommodement général ſous mes yeux; mais je crois que V. A. n'eſt pas diſpoſée à cette condeſcendance, & qu'en effet il ſera plus aiſé & plus convenable de traiter une affaire auſſi étendue & auſſi compliquée ſur les lieux à Liège même, où l'on peut réunir le ſouffrage de V. A. du Chapitre & des autres Etats du pays

pays ainſi que la coopération des directeurs du cercle de Weſtphalie.

3) Qu'avant ou dans le moment de l'arrivée de V. A. on publie ſous Son autorité & ſous celle du directoire du cercle une amneſtie entière de tout ce qui s'eſt paſſé dans la précédente révolution, & qu'on annonce aux habitans de tout le pays de Liège un ordre rigoureux, de ſe tenir tranquilles, d'obſerver les loix, & de s'abſtenir de toute violence & voye de fait arbitraire.

4) Qu'immédiatement après l'arrivée de V. A. les magiſtrats qui ſont entrés pendant la révolution, réſignent leurs places entre les mains des directeurs du cercle. Il ſera pourtant néceſſaire qu'ils en gardent l'exercice pour le maintien de la tranquillité publique juſqu'à l'élection des nouveaux magiſtrats, ce qui pourra ſe faire en peu de jours.

5) Qu'on éliſe ſous les auſpices de la commiſſion directoriale les nouveaux magiſtrats cette fois-ci par les voix libres de tous les bourgeois & citoyens de chaque ville ſans la concurrence de V. A. Il ſe manifeſtera alors par cette libre élection, ſi V. A. peut compter ſur $\frac{7}{8}$ de la nation pour l'ancienne conſtitution, ou ſi les députés de Liège ici ont raiſon de ſoutenir qu'ils auront $\frac{1}{1}\frac{1}{2}$ des voix pour sa nouvelle conſtitution. Par cette nouvelle élection on établira ſeulement pour cette fois-ci & pour un an cette ad-

miniſtration intérimiſtique, qui eſt néceſſaire pour maintenir la tranquillité publique, & pour gagner le tems de moyenner un accommodement général entre V. A. & les Etats de Liège ſur tous leurs différens.

6) Quand cette adminiſtration intérimiſtique ſera établie, les commiſſaires des trois Princes directeurs travailleront avec la plus grande application & énergie, pour moyenner & pour effectuer auſſitôt que poſſible, & du moins pendant la durée de cette régence intérimiſtique, un accommodement général de tous les différens eſſentiels, qui ſubſiſtent entre V. A. & les différens ordres, Etats, ou autres habitans du pays de Liège & même pour établir une nouvelle conſtitution, ſoit qu'on reprenne celle qui a exiſté avant l'an 1684, ou qu'on en forme une toute nouvelle modifiée ſur les circonſtances préſentes & ſelon les véritables beſoins & intérêts du pays de Liège. Si le St. de Dohm a établi dans ſa declaration du 26. Nov. la conſtitution de 1684, il ne l'a fait que par la voye d'un moyen intérimiſtique, pour appaiſer la nation irritée & les troubles montés au plus haut point, mais en renvoyant pourtant l'eſſentiel & la conſtitution future à un arrangement final ſous la direction du directoire qu'on a toujours ſuppoſé. Quoique je ſois entièrement perſuadé de la droiture, de la capacité, & de l'impartialité de mon conſeiller directorial de Dohm, je veux pourtant

tant pour furcroit de condefcendance lui adjoindre dans cette commiffion mon Lieutenant-Général de Schlieffen, dont la perfonne ne pourra pas être fufpecte à V. A. & ne pourra que lui être agréable.

7) La compagnie des gardes de V. A. étant rétablie à ce que j'ai appris, ce point eft levé; le régiment national doit être l'affaire des Etats, & quand au regiment municipal, comme la ville de Liège prétend avoir le droit des armes & celui de fe garder elle-même, ce point peut être renvoyé à la difcuffion & à la médiation du directoire, d'autant plus que pendant le tems que durera cette médiation, les villes & le pays de Liège fe trouvent fous la garde & la garantie des troupes du directoire du cercle.

8) Quand l'accommodement général & amical fera fait on pourra le foumettre à l'approbation & à la confirmation de la Chambre Impériale & même, fi l'on veut, à celle de l'Empereur & de l'Empire, & s'il refte encore quelques différens moindres & difficiles à concilier, mais qualifiés plutôt pour une difcuffion judiciaire, on peut les renvoyer à la décifion de la haute Chambre Impériale.

9) J'ai tout lieu de croire que les Etats ou autres habitans mécontens de Liège fe préteront volontiers aux points fusdits de réconciliation que je viens de propofer, dèsque V. A. voudra les accepter, & qu'Elle fera retournée à Liège, furquoi les troupes

des directeurs du cercle pourroient être rappellées pour la plus grande partie pour soulager le Pays d'un fardeau si énorme, & il suffira que chaque Prince Directeur y laisse un Bataillon jusqu'à la fin de l'arrangement entier, afin de maintenir la tranquillité publique pendant le cours de la médiation.

10) Je communique la presente lettre aux Princes mes Co-Directeurs du cercle de Westphalie, & j'espère que les propositions qu'elle contient, trouveront leur approbation & leur coopération. J'en fais présenter également une copie par mon Agent à la Chambre Impériale de Wezlar, pour lui faire voir ma déférence pour ses décrets, & mon zèle pour maintenir la tranquillité, le bon ordre, & l'administration de la justice dans l'Empire. Je me flatte que cet illustre tribunal ne désapprouvera pas la voye de conciliation que j'ai choisie, & qu'il voudra même l'autoriser, surtout si V. A. & mes Co-Directeurs voudroient concourir avec moi à demander cette autorisation, parcequ'on doit bien sentir de tout côté que quand les circonstances & la situation d'un pays ne permettent pas d'exécuter à la rigueur les sentences des tribunaux de l'Empire, il faut recourir aux voyes de la douceur & de la médiation, & commencer même par faire faire par le directoire du cercle les recherches nécessaires, pour examiner à fond les faits, les causes, la véritable nature des différens,

et

& la possibilité de les applanir, avant que d'en porter un jugement définitif.

Je me flatte encore de l'agréable espérance, que V. A. Se prêtera à mes propositions & qu'Elle prendra en considération, qu'en ne le faisant pas, Elle s'attireroit le juste reproche d'avoir manqué à la déclaration qu'Elle a faite aux Etats de Liège, d'avoir librement approuvé tous les points de leur révolution, & de ne vouloir jamais les attaquer, & à celui, de prolonger ces troubles & ces différens parcequ'Elle n'en souffre pas dans ses revenus, & que tout le fardeau tombe à la charge du pays.

Je crois avoir rempli par ces propositions tout ce qu'on peut exiger & attendre même de mes obligations & de mon penchant décidé & patriotique pour le maintien de la constitution de l'Empire, & de la tranquillité publique. Je prie instamment V. A. de m'informer par une réponse prompte, claire & cathégorique, si Elle veut accepter ces propositions ou non. Dans le premier cas j'espère qu'Elle voudra Se rendre sans perte de tems à Liège, afin qu'on puisse agir en conséquence, & soulager le pays par la retraite & la diminution des troupes. Si V. A. n'agréoit pas les susdites propositions, je La prie également, de m'en informer bientôt; dans ce cas là, je renonce à toute cette commission, & je rappellerai mes troupes du pays de Liège, en me déchargeant

chargeant de toutes les ſuites, qui peuvent en reſulter pour V. A. & pour le pays de Liège, & dont je me crois juſtifié auprès de l'Empire & de l'Europe entière. J'attendrai cette réponſe tout au plus, juſqu'au 30. de Mars, & ſi elle n'arrive pas pendant ce tems là, je prendrai le ſilence de V. A. pour un refus; je donnerai à mes troupes un ordre éventuel de quitter le 31. de Mars le pays de Liège & je m'eſtimerai autoriſé de croire, que V. A. n'a pour but dans ce ſilence & dans ces tergiverſations que de fatiguer le pays par un long ſéjour des troupes & par les charges qui en ſont inſéparables, & de le réduire par ce moyen à Sa diſcrétion. Je me flatte encore que V. A. ne Se portera pas à ces extrémités, mais qu'en bon père & paſteur de Son peuple, Elle voudra lui rendre Sa bienveillance, écouter la voye de la modération, & me fournir l'occaſion ſi agréable pour moi, de Lui rendre tous les bons ſervices qui dépendent de moi, & de Lui donner des preuves de ma bonne volonté & de l'eſtime avec laquelle je ſuis

Berlin, le 9. Mars 1790.

Votre très-affectionné Couſin
Frédéric Guillaume.

A Mr. le Prince & Evêque de Liège.

Lettre

Lettre de l'Evêque de Liège, au Roi, du 20. Mars 1790.

Sire. J'ai reçu aujourd'hui la lettre du 9. Mars dont V. M. m'a honoré, & parlaquelle il Lui a plû de me faire encore des propofitions d'arrangement, en me marquant cependant, que fi Elle n'a pas reçu ma réponfe pour le 30. du courant, Elle prendra mon filence pour un refus.

Qu'il me foit permis, Sire, de remontrer très-humblement à V. M. que la fituation dans laquelle je me trouve, me met abfolument dans l'impoffibilité de pouvoir Lui faire parvenir une réponfe réflêchie fur un objet de cette importance dans un efpace de tems auffi court; j'ofe donc efpérer de Sa bonté & de Sa juftice, que V. M. voudra bien m'accorder un délai plus étendu, & être perfuadée que conformément à Ses défirs, me communiqués par Son Excellence le Baron de Stein Son Miniftre, je ne négligerai rien pour hâter ma réponfe autant que poffible; je défire qu'elle pouiffe Lui être auffi agréable, que les affurances du profond refpect avec lequel je fuis,

Sire,

de Votre Majefté

Trève, le 20. Mars 1790.

le très-humble & très-obéiffant ferviteur.

l'Evêque & Prince de Liège.

Lettre du Roi de Pruſſe à l'Evêque de Liège, du 28. Mars 1790.

Mr. l'Evêque Prince de Liège. Je vois par la lettre, que Vous m'avez écrite en date du 20. de Mars, qu'après avoir reçu ma lettre du 9. de Mars, Vous demandez encore un délai pour faire une réponſe réflêchie à mes nouvelles propoſitions. Quoique je n'aye aucune raiſon ſuffiſante, qui puiſſe me déterminer à cette deférence après Vous avoir fixé un terme de trois ſemaines aſſez long pour réflêchir, & après que Vous en avez eu aſſez de tems depuis le mois de Novembre, je veux pourtant par égard pour mon illuſtre & digne ami l'Electeur & Archevêque de Mayence, Vous accorder encore un délai, depuis le 30. de Mars jusqu'au 15. d'Avril, mais je Vous prie inſtamment, de me donner vers ce jour là une réponſe poſitive, ſi vous voulez accepter ou non mes propoſitions, & cela ſans modification eſſentielle, afin que je puiſſe ſelon la teneur de Votre réſolution prendre mes meſures de retirer mes troupes du pays de Liège après le 15. Avril, ou d'y laiſſer un bataillon pour le maintien du repos public en cas que Vous acceptiez mes propoſitions. Il me ſemble que V. A. devroit une fois faire un retour ſur Elle même & ſur Sa conduite perſonnelle, par ces deux réflexions ſérieuſes:

1. Que

1. Que comme un Prince ferme & patriote, ou Elle n'auroit pas du donner aux Etats mécontens de Liège l'approbation & la promeſſe qu'Elle leur a donnée ſur la révolution, ou qu'après l'avoir donnée, Elle ne deovit pas la revoquer légèrement, mais s'arranger plutôt avec eux par une tranſaction raiſonnable, &

2) Qu'après s'être retirée de Liège & en abandonnant le pays, ſous le fardeau de l'exécution militaire du cercle, ſans rien faire, ni pour s'accommoder, ni pour donner une ſuite ou une fin quelconque à cette affaire, Elle expoſe le pays de Liège à des fraix énormes, qui montent à pluſieurs milliers d'écus par jour & par conſequent à une ruine totale, malheur dont Elle Se rend reſponſable à toute la nation Liègeoiſe & au public, & qu'Elle pouvoit & devoit éviter, ou en Se pretant à mes propoſitions juſtes & moderées, ou en les rejettant ſimplement & ſans délai pour finir cette affaire de manière ou d'autre. J'attends donc avec la dernière impatience vers le 15. Avril la réponſe finale & cathégorique de V. A. & je ſuis dans cette attente &c.

Berlin le 28. Mars 1790.

Frédéric Guillaume.

Réponſe

Réponse de Prince Evêque de Liège, de Trève du 27. Mars 1790. à la lettre de S. M. le Roi de Prusse du 9. de Mars.

Sire. Dans Sa lettre du 31. Décembre, & dans celle, dont Elle vient de m'honorer en date du 9. de ce mois, Votre Majesté me fait la grace de me dire, qu'Elle n'a pas cru pouvoir exécuter avec justice & honneur la commission, que la Chambre Impériale par son mandement du 27. Août dernier, a decernée au Haut-Directoire du cercle du Bas-Rhin & de Westphalie; je ne pouvois en convenir. C'est à la Chambre à le décider.

J'avoue, Sire, & je conviens, que ma réponse à Votre lettre du 31. Décembre à été plus tardive qu'elle ne devoit; mais tout me faisoit une loi de ne rien précipiter. Il s'agissoit de m'expliquer sur des objets, qu'un juge suprême avoit déjà déterminés, dans lesquels des parties d'une très haute considération se trouvoient impliquées & intéressées. Si mes très-humbles réclamations sur ces objets ont eu l'air d'être des déclamations, c'est que je sentois, comme je sens encore vivement, mon sujet. Votre Majesté m'a cependant compris; oui, Sire, je Vous ai demandé, & je ne puis que Vous demander encore de vouloir coopérer à remettre dans mon pays toutes

choses

choſes, à commencer par moi, dans l'état où elles étoient avant la révolution du 18. Août dernier. Cet état des choſes étoit légal; celui, qui lui à ſuccédé, n'eſt que violent; un état violent ne ſauroit ſervir à rien conſtater du bien ou du mal, qui ſe trouvoit dans celui qui l'a précédé; on ne ſauroit ainſi rien déterminer de ce qu'il faudroit y changer, y réformer, ou y conſolider. En demandant à Votre Majeſté qu'Elle voulut coopérer à ce rétabliſſement de choſes, je Lui en demandois une, qui étoit dans le ſens des ſentences de Wetzlar; mais je ne lui demandois pas l'exécution plénière & rigoureuſe de ces ſentences. Elles dénoncent des coupables à punir, & je n'en parlois pas. Il eſt très malheureux pour moi, que Votre Majeſté trouve le fond & la nature de mon affaire très équivoque; les rapports de la commiſſion à la Chambre font foi de tous les faits, que j'ai pris la liberté de Lui citer; il conſte de ces rapports que les Inſurgens de Liège ſont encore armés autant & plus qu'ils ne l'aient jamais été; que mon autorité & celle des Loix en eſt plus que jamais mépriſée, que tous les obſtacles, que rencontre l'exécution des jugemens de l'Empire, naiſſent & datent des procédés du Haut-Directoire de Clèves, & de la préponderance qu'il donne à ſes engagemens envers les Inſurgens de Liège. Loin d'être arbitraires, mes volontés, & celles de mes Conſeillers

lers ſont nulles à côté des volontés de mon juge, qui après celles de Dieu ſont les ſeules que je déſire qui s'accompliſſent, & auxquelles je m'abandonne. Plut à Dieu, Sire, que l'état de la principauté de Liège fut encore celui du moment, où Vos troupes y ſont entrées, celui du moment qui a précédé la déclaratoire du 26. Novembre. Au ſurplus, comme V. M. daigne manifeſter, que Ses intentions, dans les nouvelles & dernières propoſitions, qu'Elle me fait, ſont de concilier non ſeulement tous les divers intérêts du pays de Liège, mais auſſi les droits, les prérogatives, & l'autorité de la Chambre Impériale, du directoire du cercle de Weſtphalie, & conſéquemment tous ceux que l'Empire entier doit avoir à coeur de préſerver dans cette affaire; vû en outre qu'entre tant de conſidérations majeures, celles, qui pourroient me concerner perſonnellement, ne ſont que les moins eſſentielles, il ſeroit de ma part d'une préſomption peu excuſable, d'accéder ou de me refuſer à ces propoſitions de V. M. ſi long-tems, qu'elles ne feront point le réſultat de l'accord, des vues, & des meſures concertées entre Elle & ces hautes parties intéreſſées. Dans la ſituation déſaſtreuſe, où m'a réduit l'inſurrection de mes ſujets, je n'ai pu, je n'ai du placer que dans l'Empire, & dans ſes loix ma confiance & l'eſpoir de m'en tirer; quelques puiſſent en être les ſuites (on ne peut en

attendre

attendre que d'infiniment juftes de la part de V. M.) je ne faurois adopter aucune voye, aucun moyen, que ces loix & leurs Miniftres n'euffent point avoués & trouvés combinables avec l'entière & précieufe exiftence, de leurs droits, de leurs prérogatives, & de leurs fonctions.

En fuppliant V. M., de recevoir avec bonté & complaifance ces générales & refpectueufes confidérations, j'ajouterai en réponfe très-humble aux numeros de Sa lettre:

Au 1er. Que je ne me fuis jamais refufé à la médiation combinée du Haut-Directoire du cercle, & que je ne m'y refuferai jamais, lorfque la Chambre & le cercle l'auront trouvé convenable & praticable.

Au 2dum. Ce qui fe paffe dans ce moment à Liège à l'égard du tribunal, qui a été jufqu'ici l'idole de la nation, ne peut que me rendre infiniment fuspectes la foumiffion & les égards volontaires, que les regénérateurs, auxquels je n'ai pas le bonheur de plaire, pourroient promettre à ma perfonne & à celles qui penfent comme moi; confidérées elles & moi comme fujets paffifs de la révolution, on pourroit, comme on l'a fait à l'égard du tribunal des vingt-deux, & fous prétexte d'éviter des troubles, nous abandonner à tous les troubles qu'on voudroit

nous

nous infliger, & faire ſtatuer, c'eſt à dire, faire toutes les loix qui devroient nous y ſouſtraire.

Au 3me. Ce n'eſt ni pour moi, ni pour mon pays ſeulement, mais pour tout l'Empire menacé de la contagion qui affligeoit & qui afflige encore le pays de Liège, que la Chambre Impériale a décerné la recherche & la pourſuite de ceux, qui ont les premiers introduit cette peſte dans l'enceinte de l'Empire d'Allemagne; ſi ſans ce remède & ſans cette ſévérité, la Chambre Impériale croit pouvoir atteindre le but de la guériſon & de la préſervation qu'elle y avoit d'abord attaché; ſi les Princes Co-Directeurs du cercle penſent comme V. M. que ce remède n'eſt pas néceſſaire pour écarter de l'Empire de pareils dangers; s'ils croient au contraire, que pour forcer ces peuples à ſe tenir tranquilles, à obſerver les loix & à s'abſtenir de toute violence & voyes de fait arbitraires, il faille débuter par leur tenir compte de toutes les violences & voyes de fait qu'ils ſe ſont permiſes, & capituler avec eux ſur le pied de ce qu'ils ſe ſont par là procuré, je ne crains pas de les aſſurer de même que V. M., que je ne héſiterai pas d'accéder ni au moyen d'une amneſtie, ni à tout autre, dont V. M., la Chambre, & ces Princes auront trouvé bon d'uſer, parcequ'alors je n'aurai de compte à rendre ni à mon peuple, ni à l'Empire de tout ce qui pourra en reſulter.

Au

Au 4me. Laisser aux magistrats intrus, chefs des Insurgens, leurs places, & le soin de maintenir la tranquillité publique jusqu'à l'élection des nouveaux, c'est bien les mettre dans le cas de résigner ces places, comme s'ils les avoient un instant légitimement possédées; mais ce seroit moins de leur part les résigner entre les mains des Directeurs du cercle, que leur en désigner les successeurs, surtout

Au 5me. En abandonnant à tous les Bourgeois & à tous les citoyens de chaque ville, qu'ils ont gagnés ou intimidés, qu'ils intimideroient & qu'ils gagneroient encore, la libre & entière élection des nouveaux magistrats, non seulement au préjudice de mes droits, que je sacrifierois volontiers pour cette fois au désir de V. M., mais en dépouillant encore, ce qui ne dépendroit pas de moi, des honnêtes citoyens, qui sous les auspices de la loi, & à titre onéreux, ont acquis comme propriété, le droit exclusi de faire cette élection de moitié avec moi. Il y a peu ou point du tout à douter, qu'en dirigeant ainsi l'élection magistrale, elle ne devint une preuve très favorable à l'assertion des $\frac{11}{12}$ pour la révolution. Si c'est dans cette hypothèse, qu'on l'a faite à V. M., cette assertion, loin d'être exagérée, elle pourroit être au dessous de la vérité; car dans le fait, il faudroit des Curtius pour oſer l'impugner, & il n'y en eut qu'un à Rome.

Au 6me. L'arrangement de différens eſſentiels du pays de Liège & de ſa nouvelle conſtitution devenant la ſuite d'une élection magiſtrale ainſi arrangée, ne pourroit ſans doute produire que des reſultats tout à fait ſemblables & de même nature. Si Mr. le Général Baron de Schlieffen (perſonnage d'ailleurs très reſpectable) a pu être induit à donner aux vingt-deux, qui ſe plaignoient d'avoir été bourrés, aſſiègés, fuſillés, l'avis de s'abſtenir de leurs fonctions dans tout ce qui concerne la révolution, à combien plus forte raiſon ne l'induira-t-on pas à faire, que des particuliers de toute eſpèce trouvent du danger à parler & à opiner de ce même objet ſuivant ce qu'ils en penſent.

Au 7me. J'ignore parfaitement, ce que V. M. me fait la grace de m'apprendre touchant le rétabliſſement de mes gardes. Si par régiment national V. M. entend celui, qui a exiſté juſqu'au moment de la révolution, celui que la révolution a déſarmé, les Etats, comme adminiſtrateurs des deniers publics de la principauté, n'ont jamais pu en être regardés que comme les tréſoriers. Dans le pays de Liège, non plus que dans d'autres Etats de l'Empire, les Etats provinciaux n'eurent jamais le droit des armes. La prétention qu'oſe en faire aujourd'hui la ville de

Liège

Liège, ou pour mieux dire la démarche de ses insurgents, qui osent l'exercer, n'est qu'un de ces nombreux attentas, que la Chambre Impériale s'est crue obligée de condamner & de reprimer en eux. Où n'en seroit-on pas, si toute prétension hazardée contre toute possession, contre toute présomption de droit, pouvoit donner matière à une discussion, à une médiation; si en se rendant soi-même juge d'une telle prétention; on pouvoit débuter par la mettre à execution, par desarmer, par renvoyer comme on l'a fait à Liège, un régiment dont on ne pouvoit disposer, & parcequ'on ne pouvoit en disposer, pour lui en substituer un autre, pour rendre par là nécessaire la présence d'une troupe étrangère, toujours ruineuse, toujours dangereuse pour celui qui s'en sert, pour faire en un mot tout ce qui s'est fait à Liège depuis la révolution?

Au 8me. Si l'accommodement général & amical a lieu, je ne pourrai que désirer, qu'il soit approuvé & confirmé, comme V. M. le propose; mais j'ai peine à croire, que la Chambre puisse trouver convenable le triage, qui se fait ici de ses augustes fonctions.

Au 9me. Il est bien probable que les mécontens de Liège ne le seront pas des propositions que V. M. a trouvé bon de me faire; ils sont gens à faire tou-

 tes

tes fortes de facrifices, pourvu que tout aille à leur gré.

Au 10me. Tout dépendra, Sire, de cette approbation, de cette coopération, de cette autorifation, que V. M. attend de la part des Princes Co-Directeurs & de la Chambre Impériale de Wetzlar. Mon fort eft dans l'Empire & dans fes loix, je ne puis en chercher ni en trouver ailleurs la décifion. S'il étoit poffible, qu'elle fut telle, qu'après avoir effuyé de la part des Infurgents de Liège les violences les plus atroces, je duffe adopter le principe de leurs inviolabilité; s'il ne reftoit en effet d'inviolable dans l'Empire que les engagemens qu'on a pris avec eux, fi par une fuite purement gratuite de la capitulation qu'on leur a faite, il falloit, que je capitulaffe avec eux fur les données, que la révolte, la force & le crime leur ont procurées; fi je devois les revoir dans les places qu'ils ont ufurpées, fous les armes qu'ils m'ont arrachées & dans l'attitude de la foumiffion apparente & de l'empire réel, dur, & infultant, avec lequel ils m'ont traité, avec lequel ils m'ont fait fuir; s'il falloit en un mot me réduire à n'être parmi eux qu'un otage propre à fervir à leur triomphe & à l'affurer, j'ai promis de foufcrire, & je foufcrirois aux décifions de mes juges; mais je m'écrierois: que pourroit-il m'arriver de pis, quand même il n'y eut eu pour moi ni d'Empire, ni de juges, ni ni de loix! Mais non, ces juges n'en décideront point ainsi, & vous Sire, (car il faut que je déclame encore) dans le moment même, où Vous protestés un respect si louable & si édifiant pour cet Empire, pour ses juges & pour ses loix, Vous ne voudrez pas sans doute statuer en moi un premier exemple de leur entier anéantissement. Il en arrivera tout ce qui pourra, Vous ne met forcerez jamais de douter à ce point de Votre justice. Il est vrai, Sire, que je souffre infiniment plus des souffrances de mon pays, que de celles où sont mes rèvenus & mes prérogatives; jamais le pays de Liège ne craignit d'être à la discrétion de son Prince, il s'est toujours flatté, qu'il ne seroit jamais à la discrétion d'aucun autre, il étoit à la loi; quel bonheur! elle est enchainée; voilà son malheur; mais il fait, que ce n'est pas moi qui le cause, je n'ai jamais cessé, je ne cesserai jamais de réclamer sa liberté; justice, Sire, justice, il y en a peu dans les propositions qu'on Vous a induit à me faire, j'en appelle à Vous même, il y en a d'avantage dans votre coeur Royal.

Je suis avec un très-profond respect

Sire

de Votre Majesté &c.

Trève, le 27. Mars 1790.

le très-humble & très obéissant serviteur

l'Evêque & Prince de Liège.

N 3 Note

Note finale.

Le Roi ayant reçu la précédente lettre du Prince Evêque de Liège, dans laquelle il rejette peremptoirement & avec hauteur toutes ses propositions conciliatoires, & les renvoye à la décision de la Chambre Impériale & des Co-Directeurs du cercle de Westphalie, Sa Majesté a cru ne pouvoir mieux faire, que de faire présenter cette lettre de l'Evêque par Son Agent le Sr. Hofmann à la Chambre Impériale à Wetzlar, afin que ce Tribunal suprême supplée à l'irrésolution de l'Evêque & décide du sort de la Principauté de Liège, soit en autorisant les propositions d'accommodement faites par le Roi, soit en prescrivant d'autres mesures. S. M. a ordonné en même tems au L. G. de Schlieffen, d'attendre cette décision, & de ne pas précipiter la retraite de ses troupes au 15. d'Avril, afin de laisser le tems à la Chambre Impériale de pourvoir à la conservation de l'Evêché de Liège, qui pourroit péricliter & être exposé à une guerre civile, en l'abandonnant à la discrétion de ses habitans. Tout lecteur impartial pourra juger par la lecture de cette correspondance & par le simple exposé des faits, de la conduite, que le Roi & l'Evêque de Liège ont tenue dans cette affaire. Il suffira d'ajouter le petit nombre d'observations & de considérations suivantes, qui découlent na-

naturellement de la ſuite des faits inconteſtables: 1°. Le Roi n'a jamais approuvé ni ſoutenu la révolution populaire, qui s'eſt faite au mois d'Août 1789 à Liège; S. M. n'eſt partiale, ni pour le peuple, ni contre l'Evêque de Liège; Elle abandonne la déciſion de leurs différens au juge compétent. 2°. Dès que les Directeurs du cercle de Weſtphalie furent chargés par la Chambre Impériale, d'exécuter ſon arrêté, le Roi répondit à l'Evêque de Liège, le 2. Nov. qu'il feroit marcher un corps de troupes, pour concourir à cette exécution, *& pour ſoutenir les meſures, que les circonſtances pourroient rendre néceſſaires, pour rétablir la tranquillité & le bon ordre dans l'Evêché de Liège, en ſe flattant que l'Evêque voudroit apporter toutes les facilités propres à opérer une conciliation des eſprits & des arrangemens conformes au véritable bien du pays, & à jetter la baſe d'un accommodement juſte & permanent.* Le Roi n'a donc promis l'exécution, que dans la ſuppoſition expreſſe & juſte, que l'Evêque ſe prêteroit à un accommodemrnt. 3°. S. M. fit marcher comme Duc de Clèves pour cette expédition à grands fraix un corps de 4500 hommes, pendant que ſes Co-Directeurs l'Evêque de Munſter & le Duc de Juliers n'y envoyèrent que chacun 1200 hommes, en exigeant pourtant, de vouloir diriger toute l'exécution par la majorité de leurs deux voix. 4°. Les

Commiſſaires du Roi, le L. G. de *Schlieffen*, & le C. Pr. de *Dohm* virent bientôt à l'entrée du pays de Liège, que même le corps de 6000 hommes, ne pourroit pas exécuter la ſentence de Wetzlar au pied de la lettre, contre une nation irritée, nombreuſe & belliqueuſe, qui peut mettre 20 à 30 mille hommes ſous les armes, & qui étoit prête à ſe lier avec les Brabançons. Si cette ſuppoſition eſt révoquée en doute, elle eſt du moins fondée ſur la plus grande probabilité, & ſur des faits & des avis, que les Commiſſaires du Roi allèguent, & qui à cet égard méritent bien autant de foi que l'Evêque de Liège & les Commiſſaires des Princes Co-Directeurs. 5°. Les Commiſſaires du Roi voyant cette difficulté pour l'exécution littérale de la ſentence, propoſèrent aux Commiſſaires de Princes Co-Directeurs, d'occuper le pays de Liège par compoſition avec les inſurgens, & de faire avec eux un arrangement interimiſtique, pendant la durée duquel on pourroit travailler à un arrangement amical & définitif ſous la médiation des Directeurs du cercle. 6°. Cette propoſition ayant été rejettée, les Commiſſaires du Roi ont occupé le pays, la ville & la Citadelle de Liège par compoſition & ſoumiſſion volontaire des Liégeois. Depuis ce tems-là les Commiſſaires & les troupes de Roi ne pouvoient plus faire avec honneur l'exécution verbale & plénière des ſentences de Wezlar. Ils ne devoient

voient plus s'occuper qu'à moyenner un accommodement raisonnable, & à maintenir en attendant la tranquillité & le bon ordre dans l'Evêché de Liège, ce qui a été fait, le peu de désordres qui ont été commis en quelques endroits, ayant été redressés au plutôt, sans qu'il y ait eu des excès & des explosions, comme on en a tant vu dans les pays voisins. 7. Pendant tout ce tems-là le Roi a fait par les lettres du 31. Décembre & du 9. Mars, à l'Evêque de Liège des propositions d'accommodement, qui doivent paroitre à tout le monde impartial justes & moderées & d'autant moins préjudiciables à l'Evêque, qu'elles lui assurent toute la fureté personnelle possible, & ne roulent que sur un arrangement provisionnel & intérimistique pour un an, pendant lequel le Directoire combiné du cercle pouvoit travailler à un arrangement définitif & convenable aux deux parties. Toutes ces propositions ont été communiquées à la Chambre Impériale & aux deux Co-Directeurs du cercle, sans qu'on y ait fait attention. L'Evêque de Liège les ayant hautement rejettées & provoquant constamment à la décision de la Chambre Impériale & des Co-Directeurs, le Roi ne peut aussi de son côté que suivre cet exemple, abandonner l'Evêque & l'Evêché de Liège à leur sort & à la disposition de la Chambre Impériale, en se retirant de cette exécution, que S. M. a faite pour le fond & dans la réalité pour la

 con-

conſervation du païs de Liège, quoique les circonſtances n'ayent par permis d'exécuter les ſentences dans toute l'étendue de la forme légale, ce qui peut & doit ſuffire pour le préſent. Sa Majeſté a aſſez fait, en rétabliſſant ſeule & à ſes fraix la tranquillité & le bon ordre dans l'Evêché de Liège & en procurant à l'Evêque la ſureté perſonnelle & les moyens de rentrer dans la poſſeſſion de ſes prérogatives eſſentielles par un accommodement raiſonnable. Il paroit inexcuſable, que l'Evêque s'y refuſe abſolument & attire par ſon opiniâtreté & par ſon abſence volontaire, au païs une dépenſe de 600 Ecus par jour, que le défrayement des troupes du cercle lui coute, deſorte que le pays de Liège en eſt déjà pour près d'un million, & a déjà expié fort chèrement ſes fautes, pendant que l'Evêque & le Chapître ne veulent rien contribuer à ces fraix, que les troupes Pruſſiennes rendent auſſi modiques que poſſible, s'étant contentées juſqu'ici de la ſimple nourriture. Enſin le Roi croit avoir fait dans cette malheureuſe & faſtidieuſe affaire de Liège tout ce qu'on peut exiger d'un Prince patriote, qui aime & qui eſt toujours prêt à ſoutenir la Conſtitution de l'Empire d'une manière juſte & prudente, & qui ne ſacrifie pas le fond du bien public aux formes qu'on peut aiſement traveſtir. Ses procédés n'ont pas mérité les critiques qu'on ſe permet dans des écrits volumineux & qu'il ſeroit auſſi

aiſé

aiſé de refuter, que la teneur de la dernière lettre de l'Evêque, auſſi foible en argumens, qu'indécente en expreſſions, auxquelles le Roi nė veut pas faire attention par un furcroit de générofité. Le public non prévenu pourra juger ſur cette correſpondance authentique tant du fond de l'affaire, que de la conduite qui y a été obſervée par les différentes parties qui y ont pris part d'une manière directe ou indirecte.

Berlin le 6. Avril 1790.

Les

Les notes & lettres ſur *l'affaire de Liège*, qui ſe trouvent ci-deſſus, ont été communiquées dans le tems par les Miniſtres du Roi aux Princes de l'Empire qui y ont pris de l'intérêt & ont été même inférées dans les papiers publics. On ajoutera ici encore un precis des ſuites ultérieures & de la fin de la ſusdite affaire de Liège.

L'Evêque de Liège, ayant rejetté abſolument & avec hauteur par ſa lettre du 27. de Mars 1790, tous les moyens de compoſition que le Roi lui avoit propoſés dans ſes lettres, ſurtout dans celles du 9. & du 28. de Mars & la Chambre de Wetzlar n'ayant fait non plus aucune attention à la communication, qu'on lui en a faite pour l'engager à ſuppléer à l'irréſolution de l'Evêque; le Lieutenant Général de Schlieffen quitta le 16. Avril la ville & le pays de Liège avec les troupes du Roi & Sa Majeſté abandonna ainſi cette exécution & tout le pays de Liège à ſon ſort, comme Elle l'avoit annoncé d'avance aux parties intéreſſées. Ce fut alors, que la Chambre Impériale de Wetzlar, voulant abſolument pourſuivre ſes meſures rigoureuſes, chargea & excita par un nouveau Décret du 20. Avril les deux Cercles du Rhin & ceux de Suabe & de Franconie, d'envoyer du ſecours aux deux Princes Directeurs du Cercle de Weſtphalie, l'Evêque de Munſter & le Duc de Juliers, pour achever l'exécution de Liège. Cette com-

commiſſion fut même étendue enſuite aux deux Cercles de la Haute & Baſſe-Saxe. Les deux Electeurs de Mayence & de Trèves, envoyèrent auſſi en effet 2000 hommes de leurs troupes dans le pays de Liège, pour joindre les troupes de l'Evêque de Munſter & du Duc de Juliers, & ces deux derniers Princes ayant augmenté les leurs, le Corps des Troupes d'exécution, deſtiné contre pays de Liège ſe trouva fort de 8000 hommes. Ce corps de troupes s'étant réuni à Maſeik ſur la Meuſe, fit pendant le cours de l'été de 1790. pluſieurs tentatives pour pénétrer dans l'intérieur & jusqu'à la ville de Liège, mais il fut conſtamment repouſſé par les Volontaires Liègeois & obligé de retourner à Maſeik, ce qui n'a que trop vérifié l'aſſertion conſtante de la cour de Berlin, & juſtifié ſon opinion, que les ordres rigoureux de la Chambre de Wetzlar, ne pouvoient pas être exécutés par les forces ordinaires des Cercles & par un médiocre corps de troupes, & que dans une cauſe auſſi équivoque, il valoit mieux de préférer la voye d'un accommodement, ſous la médiation impartiale du Directoire du cercle de Weſtphalie auquel les Liègeois ſe montroient ſi diſpoſés, & dans lequel on pouvoit ſi aiſément concilier les intérêts du Prince & du pays de Liège. Le Prince Electeur & Archevêque de Mayence, voyant l'inutilité des efforts, que les troupes des Cercles faiſoient pour réaliſer l'exécution contre les Liègeois,

fai-

& connoiſſant la confiance que ceux-ci avoient dans la médiation & l'intervention impartiale du Roi, il la réclama de nouveau pendant la tenue de la Diette d'Election de l'Empereur Léopold II. à Francfort. Sa Majeſté s'y prêta auſſi de nouveau par pur eſprit de patriotiſme, malgré les déſagrémens qu'elle en avoit eu juſques là, & chargea de cette Négociation ſes Ambaſſadeurs à la Diette d'Election, *le Prince de Sacken & le Comte de Göertz.* Ces Miniſtres firent venir des Députés des Etats de Liège à Francfort dans le cours du mois de Septembre, & y entamèrent, ſous la concurrence des Ambaſſadeurs de la plupart des autres Cours Electorales, une Négociation d'accommodement, dans laquelle on convint ſur les principaux points de litige, qe les Députés Liègeois acceptèrent *ſub ſpe rati.* Les Etats de Liège ratifièrent auſſi la ſoumiſſion de leurs Députés, en ſe réſervant ſeulement, qu'on remédiât à leurs griefs, & ſurtout à celui *de la réprêſentation du peuple par la libre élection de ſes Magiſtrats.* Cette réſerve de formalité fut regardée par l'Evêque de Liège & par ſes protecteurs, comme un déni ſimple de la ratification des Etats de Liège & la Négociation fut rompue, parcequ'on crut pouvoir parvenir plus aiſément à une exécution plénière des Décrets de la Chambre Impériale, depuis que la Cour de Vienne avoit les mains libres par la Convention de Reichenbach,

bach, de réduire fes fujets mécontens du Brabant, & d'envoyer un corps d'armée aux Pays-Bas. La Chambre de Wetzlar prit donc le parti de requérir le Gouvernement de Bruxelles fous le titre *de Cercle de Bourgogne* de réalifer l'exécution de fes Décrets. C'eft ce que le dit Gouvernement de Bruxelles s'eft empreffé de faire, en envoyant à Liège un corps fuffifant de troupes Autrichiennes, lequel a fait de concert avec les troupes de Munfter, de Juliers & de Mayence une exécution fi plénière des Décrets de la Chambre de Wetzlar, que l'Evêque eft rentré avec le Chapitre dans le pays de Liège, & dans la poffeffion entière des prérogatives, qu'il a exercées avant la Révolution; que les nouveaux Magiftrats furent dépofés, que les auteurs de la révolution font traités en rebelles avec la dernière rigueur, & que le pays eft chargé de quelques Millions de dettes, pour payer les fraix d'exécution aux exéçuteurs (pendant que le Roi l'a fait gratuitement) & fans qu'il foit plus queftion de rechercher & de redreffer les griefs non imaginaires des Etats de Liège, & que ceux-ci ne peuvent même plus les plaider, parcequ'ils ne font plus gouverné par des Magiftrats de leur libre élection, mais par des créatures de l'Evêque, & que la Chambre Impériale de Wetzlar, contente d'avoir exercé fon autorité fouveraine fur le pays de Liège, ne fonge plus à procurer à ce pays malheureux & abandonné la

même

même *justice officielle*, qui a éte administrée avec tant d'empressement & de rigueur en faveur de l'Evêque.

Si l'on lit sans prévention & sans partialité décidée *la Correspondance du Roi avec l'Evêque de Liège*, & les *Mémoires abrégés du Ministère de Berlin*, qui se trouvent ci-dessus, si l'on y ajoute les Ecrits plus étendus que les Sieurs *de Dohm*[1] & *Küster*[2] ont publiés sur cette matière & un petit *Ecrit* sur la dernière *Négociation* de *Francfort*[3]; on doit se convaincre des vérités suivantes:

1°. Que

---

1) *Die Lütticher Revolution im Jahr* 1789 *und das Benehmen Sr. Königl. Majestät von Preussen bey derselben, dargestellt von C. W. von Dohm. Berlin* 1790.

2) *Actenmässige Berichtigung der sogenannten Actenmässigen Darstellung der Ursachen, warum die, von dem Kaiserlichen und Reichs-Kammer-Gericht den Kreisausschreibenden Herrn Fürsten des niederrheinisch-westphälischen Kreises unterm* 27. *August* 1789 *gegen die Lütticher Aufrührer aufgetragene Executions-Commission, bisher unvollstreckt geblieben ist und deren Nachtrags. Von J. E. Küster. Berlin* 1791. *C'est une réponse à deux écrits très violens de la Cour de Boun contre celle de Berlin.*

3) *Cet écrit a pour titre: Von den neuern Versuchen des Königl. Preussischen Hofes, die Lüttichsche Sache zu vermitteln. Berlin* 1791.

1°. Que la principale conteſtation entre l'Evêque de Liège & une grande partie des habitans, ſurtout les bourgeois & les gens du Tiers-Etat du pays de Liège, a roulé depuis des ſiècles ſur la queſtion: *Si l'Evêque a le droit de concourir, même pour la moitié, à l'élection des Magiſtrats des Villes ou du Tiers-Etat?*

2°. Qu'un Evêque de Liège s'eſt mis en poſſeſſion de ce droit par la force des armes en 1684 & que par ce moyen, & n'ayant qu'à gagner une ou deux voix de l'autre moitié des Répréſentans du Tiers-Etat, & étant aſſuré de la voix du Chapitre & de l'ordre eccléſiaſtique, il étoit le maitre de toutes les délibérations du corps des Trois-Etats de Liège, que par conſequent la poſſeſſion de l'Evêque paroit être *vicieuſe* dans ſon origine & pourroit être miſe en diſcuſſion judiciaire & légale devant le Juge compétent, & que la cauſe de l'Evêque etoit équivoque, litigieuſe, & non inconteſtable, comme elle étoit auſſi déjà depuis pluſieurs années pendante à la Chambre de Wetzlar.

3°. Qu'une grande partie des habitans de Liège, principalement du Tiers-Etat a cru pouvoir profiter des circonſtances du tems, en voulant imiter la Révolution du peuple françois, pour ſe remettre auſſi par une Révolution ſemblable dans la poſſeſſion de ſon ancienne liberté, de s'élire ſes Répréſentans, de la même manière violente, qu'il l'avoit perdu en 1684; qu'il a fait cette Révolution par la force, mais sans grands excès; que l'Evêque lui en a assuré son consentement, non seulement pendant qu'il se trouvoit encore dans le pays de Liège, mais qu'il l'a aussi renouvellé, lorsqu'il se trouvoit déjà en pleine liberté hors du pays de Liège; qu'il a même promis & assuré ne vouloir pas en revenir par des plaintes judiciaires; que par conséquent il devoit du moins par délicatesse transiger avec les Etats de son pays sur un droit aussi litigieux, & admettre la médiation impartiale des Directeurs du Cercle & que *le juge suprême*, s'il vouloit écouter la voix de l'équité, devoit autoriser, & non pas empêcher une négociation intérimistique aussi utile & nécessaire au pays de Liège, & nullement préjudiciable à l'Evêque.

4°. Que la *Chambre Impériale de Wetzlar* a décrété sur la simple notoriété publique de la révolution arrivée à Liège, sans attendre une plainte des parties, & sans faire attention au consentement *libre* de l'Evêque tout aussi *notoire* à Wetzlar, une *réquisition précise* aux Princes Directeurs du Cercle de Westphalie, d'exécuter les loix de la paix publique enfreinte dans le pays de Liège, d'y rétablir le tout dans l'état précédent, & de traiter les auteurs de la Révolution sur le pied d'infracteurs reconnus de la paix publique & que cette réquisition précise & rigoureuse

reuſe a été faite, ſans demander auparavant, comme l'équité naturelle paroit l'exiger, l'avis & le rapport des Directeurs du Cercle ſur l'etat des choſes dans le pays de Liège; & même ſans leur laiſſer la liberté de donner leurs rapports & avis & d'eſſayer tant la poſſibilité de l'exécution, que la voye d'accommodement entre les parties, dont la réuſſite étoit d'autant plus vraiſemblable, que l'Evêque avoit déjà donné ſon libre conſentement pour l'eſſentiel au nouvel ordre de choſes rétabli dans le pays de Liège par la Révolution des habitans Liègeois, mais qui devenoit impoſſible depuis que l'Evêque ſe trouvoit encouragé par les Décrets rigoureux de la Chambre à révoquer ſes engagemens. En général il paroit avéré par toute la ſuite de cette affaire de Liège, que ce ſuprême tribunal reſpectable, & qui a toujours été tant reſpecté & ſoutenu par les Rois de Pruſſe & par leurs Miniſtres, a ſacrifié dans cette occaſion le *fond* à la *forme*, l'équité à la juſtice rigoureuſe, & le ſalut du pays de Liège très poſſible à ménager pas des meſures conciliatoires, au deſir de faire valoir ſon autorité, ſans faire attention à la difficulté palpable d'exécuter une ſentence rigoureuſe contre une nation nombreuſe & prête à ſe ſéparer de l'Empire, ni à la facilité de la faire revenir à ſon devoir en approuvant & en ne pas mépriſant les meſures modérées & *intérimiſtiques* du Directoire de Clèves. La

Chambre a obtenu ſon but, mais elle a ruiné ſan néceſſité le pays de Liège pour long tems, en l'abandonnant à la vengeance inſatiable de l'Evêque & de ſes Conſeillers. Elle paroit avoir reconnu ſon erreur par la dernière ſentence du 9. de Décembre 1791, qui recommande la douceur & l'équité à l'Evêque, mais c'eſt trop tard & le mal eſt ſans remède pour le pays de Liège, depuis que par le rétabliſſement de la conſtitution de 1684. il n'a plus la liberté de s'élire des *Repreſentans* qui veuillent & puiſſent plaider ſa cauſe à Wetzlar.

5°. Que la Cour de Berlin avoit raiſon de croire d'après les rapports & les jugemens de ſon Miniſtre Directorial & de ſon Général habile & éclairé, qui commandoit ſes troupes, que le corps des troupes d'exécution des trois Directeurs du cercle montant à peu près à 6000 hommes, ne pouvoit pas entreprendre *l'exécution littérale* des Décrets de la Chambre de Wetzlar, contre une nation nombreuſe & belliqueuſe, & qui ſe croyoit ſoutenue par les Brabançons, ſans expoſer les troupes du cercle de Weſtphalie & par conſequent celles du Roi à un affront ſenſible, (ſuppoſition qui a été enſuite pleinement vérifiée, parcequ'un corps de 8000 hommes des trois cercles réunis, n'a pas pu faire cette exécution), que cette conſidération & la juſte crainte que les Liègeois pourroient être engagés par une *exécution hazardée*

zardée à accéder à la révolution des Brabançons, & même à celle des François & à se séparer insensiblement de l'Empire, que ces motifs, dis-je, étoient légitimes & suffisans pour porter la Cour de Berlin à préférer à une exécution mal assurée, une voye d'arrangement intérimistique plus sure, & nullement préjudiciable à l'Evêque même, en profitant des dispositions & de la confiance du peuple Liégeois en elle pour entrer dans une sorte de capitulation avec les Liègeois & à prendre possession de la ville de Liège par un arrangement *provisionnel*, dans la juste attente, que l'Evêque qui avoit déjà librement accordé beaucoup plus aux Liègeois, ne balanceroit pas, de retourner dans son pays & de traiter avec son peuple sur un arrangement *définitif*, sous la médiation impartiale des Directeurs du cercle, qui lu fut offerte, ce qu'il pouvoit faire en toute sureté sous la protection des troupes de ces Princes. La Cour de Berlin étoit même autorisée, par les loix expresses de l'Empire, à prendre ce parti ou *celui d'abandonner l'exécution*, puisque le cas se trouve exprimé *in terminis* dans *l'ordonnance de la Chambre Impériale*, Partie III & Titre 57. & 58., où il est dit: "*Si l'exé-*
"*cution ne peut pas se faire sans un préjudice ou un*
"*danger éminent, si celui, contre lequel l'exécution*
"*doit se faire, a des fortifications trop considérables,*
"*pour qu'elles puissent être prises, sans des fraix*

 „*trop*

"trop énormes, & sans qu'on puisse récupèrer ces "fraix, ou si une Commune puissante, située hors "de l'Empire, quoique soumise à l'Empire, s'oppo"soit avec violence à l'exécution des sentences: l'exé"cuteur est légitimement excusé & dispencé de l'exécu"tion.,, *) Le Roi pouvoit donc dès lors abandonner avec justice & raison une *exécution aussi mal-assurée* & aussi *dangereuse pour les suites vraisemblables,* & il n'y avoit aucune raison de justice, ni de politique, qui pouvoit l'engager à employer de plus grandes forces pour cette exécution; mais il préféra de bonne foi, & dans des vuës trés patriotiques, la voye plus sure & nullement préjudiciable à l'Evêque même, de faire entrer les troupes du cercle dans la posses-

*) *Die deutschen Worte der Kammergerichts-Ordnung Theil III. Tit. LVII und LVIII. lauten also: Wenn die Execution ohne merklichen Nachtheil nicht geschehen kann, wenn derjenige, gegen den sie vollzogen werden soll, eine solche starke Befestigung hätte, die ohne trefliche grosse Kosten nicht erobert werden könnte, diese Kosten auch nicht wieder einzubringen wären; auch wenn ein mächtig Commun, so ausserhalb des Reichs gesessen, aber gleichwohl dem Reich unterworfen wäre, der Vollziehung der Urtheile mit Gewalt widerstehen wollte: so ist der Executor rechtlich entschuldigt.*

possession de la ville de Liège par une Capitulation intérimistique, dans l'espérance très probable, qu'il seroit possible, de moyenner dans l'intervalle & dans cette position, un accommodement juste & définitif entre l'Evêque & les Etats de Liège, espérance qui n'a aussi manqué que par le caprice de l'Evêque. Dès que les troupes Prussiennes n'étoient entrées en possession de la ville & de la citadelle de Liège que par capitulation, le Roi ne pouvoit plus faire une exécution littérale & forcée des Décrets de Wetzlar, sans manquer à la foi de la Capitulation & il devoit plutôt abandonner toute cette exécution, comme il l'a fait aussi à la fin. L'Evêque & les trois Directeurs du Cercle ont prétendu, que le Roi auroit mieux fait, de renoncer d'abord à l'exécutiou, & ils se sont surtout récriés, de ce que le Délegué de Clèves avoit rétabli à Liège la constitution de 1684, mais ce ne fut qu'une formalité provisionnelle, que le susdit Délégué annonça *ad interim*, pour rétablir la tranquillité à Liège & pour gagner le tems de négocier sur un accommodement définitif, lequel auroit pu confirmer ou modifier la constitution de 1684. selon qu'on en seroit convenu. En attendant l'entrée & le séjour des troupes Prussiennes à Liège a beaucoup servi à calmer les Liègeois, & à empêcher des excès plus grands, & du moins il n'a rien contribué à empirer l'état de ce pays & celui de l'Evêque; il à plu-

plutôt empêché la jonction des Liègeois avec les Brabançons ou les François; que les Liègeois auroient surement recherché & aisément obtenu, s'ils n'en avoient pas été empêchés par les troupes Prussiennes & lorsque ces troupes se rétirèrent de Liège, la position de l'Evêque étoit la même vis à vis de son pays, si non meilleure, qu'elle ne l'étoit avant leur entrée dans Liège.

Le grand grief, que l'Electeur de Cologne en qualité d'Evêque de Munster & de Directeur du cercle de Westphalie a fait valoir contre le Roi comme Duc de Cleves, dans un écrit véhément & même injurieux, *) consiste en ce que le Roi n'avoit pas voulu faire faire l'exécution à Liège d'après *la majorité*

*) Cet écrit a pour titre: *Actenmässige Darstellung der Ursachen, warum die von dem Kaiserlichen und Reichskammergericht den Kreisausschreibenden Herren Fürsten des niederrheinisch-westphälischen Kreises unterm 27. August 1789. gegen die Lütticher Aufrührer aufgetragene Executionscommission bisher unvollstreckt geblieben ist und der Nachtrag, Bonn 1790.* Le Sieur *Küster*, Secrétaire de la Légation Prussienne, a opposé à cet écrit une réponse très solide, qui a pour titre: *Actenmässige Berichtigung der sogenannten actenmässigen Darstellung der Ursachen &c. Berlin 1791.*

rité des deux ſuffrages de Munſter & de Juliers, ſelon le récès directorial *de Dorſten* de 1665, laquelle majorité preſcrivoit au Général Pruſſien de Schlieſſen, qui commandoit tout le corps des troupes des trois Princes-Directeurs du Cercle de W. l'exécution littérale & plénière des Décrets de Wetzlar. Mais ſans vouloir diſputer ſur l'obligation illimitée d'obſerver en tout la dite majorité des ſuffrages des trois Directeurs, toute la force de ce grief & des argumens, ſur lesquels on l'a appuyée, tombe par la ſeule conſidération, que les deux Directeurs de Munſter & de Juliers ne pouvoient pas par la majorité de leurs ſuffrages obliger le troiſième, le Duc de Clèves, à faire pour eux, & à ſon plus grand riſque une exécution, qu'il croyoit impoſſible avec les forces aſſemblées & auxquelles il avoit fourni ſans obligation deux fois plus qu'eux, l'expérience ſuivante ayant auſſi fait voir, comme il a été obſervé ci-deſſus, que les troupes des trois Princes Directeurs aſſemblées au commencement de l'exécution, ne ſuffiſoient pas, pour faire la ſusdite exécution littérale & que même les troupes plus nombreuſes des trois Cercles aſſemblées enſuite, ne pouvoient pas faire cette exécution, mais qu'on fut obligé d'y faire intervenir les troupes plus nombreuſes du Cercle de Bourgogne. Le reproche qu'on a voulu tirer du ſusdit grief contre le Duc de Clèves, disparoit entièrement, depuis

 qu'il

qu'il a abandonné à ses Co-Directeurs toute l'exécution de Liège, sans l'avoir aucunement gâtée par ses mesures.

Il est fâcheux, qu'on soit obligé d'entrer dans un détail aussi fastidieux & peu agréable entre de grandes Cours, pour une affaire minutieuse en elle-même; mais la Cour de Berlin ne peut pas s'en dispenser, parceque celle de Bonn a trouvé à propos de l'attaquer d'une manière aussi violente par le susdit écrit, pour lui reprocher, ainsi qu'à son Ministère, qu'elle avoit agi dans l'affaire de Liège contre la Constitution de l'Empire, contre *l'Union des Princes, son ouvrage* & contre ses propres principes manifestés dans d'autres occasions, & surtout dans les négociations & les écrits qui ont paru dans & pour l'union des Princes, ainsi que pour l'affaire de Bavière. Il ne seroit pas difficile de réfuter tous ces réproches, point par point, (comme le Sr. Kuster l'a aussi fait en partie, dans son écrit) & de faire voir que c'est la Cour de Bonn, qui n'a pas agi avec toute la bonne foi requise dans l'affaire de Liège, qu'elle l'a plutôt employée pour ses autres vues politiques, principalement pour dénigrer la Cour de Berlin, & pour lui faire perdre la *confiance de l'Empire*; que c'est elle surtout, qui a entretenu l'Evêque de Liège dans son opiniâtreté & qui a empêché toute voye & négociation d'un accommodement équi-

équitable, qui étoit également néceſſaire & utile, tant à l'Evêque, qu'au pays de Liège & dont le manque a jetté ce pays dans l'abime des malheurs où il ſe trouve actuellement précipité pour une ſuite de ſiècles. On ne veut pas r'ouvrir ces playes, ni continuer une querelle & guerre de plume auſſi tédieuſe pour le public impartial. Il pourra aiſément juger par ce précis & par le nombre des lettres que le Roi a écrites à l'Evêque, & par les notes, que ſon Miniéère a fait publier, que la Cour de Berlin a agi dans toute l'affaire de Liège ſans aucune vue cachée, avec toute la bonne foi & droiture poſſible, & avec la meilleure volonté, tant pour l'Evêque que pour le pays de Liège, pour ſauver l'un & l'autre, & pour le conſerver à l'Empire & dans un état conſtitutionel & ſupportable pour les deux parties, qu'elle a réuſſi pour la première partie de ce deſſein ſurement louable & que ce n'eſt pas ſa faute, mais celle des Co-Directeurs, ſi elle n'a pas réuſſi dans la ſeconde. Sa conduite a donc été telle, qu'elle n'a pas mérité & qu'elle ne craint auſſi pas d'avoir perdu la confiance de l'Empire, acquiſe par tant de juſtes titres, comme dans les affaires de Bavière, de Buckebourg, de Mecklenbourg & même dans celles de Hollande, de Pologne & de la Turquie. Cette confiance devroit plutôt augmenter, quand on conſidère ſans prévention, que le Roi a effectivement fait l'exécu-

tion

tion de Liège, & cela d'une manière généreuſe, gratuitement & à ſes fraix, en s'emparant de la ville & du pays par une compoſition, qu'il croit encore raiſonnable, & que par ce moyen il a conſervé l'important Evêché de Liège à l'Empire & a prévenu & empêché ſa jonction, d'ailleurs certaine, avec les François, ou les Brabançons par ſes meſures prudentes, modérées & non injuſtes; qu'il a même procuré aux Co-Directeurs & aux autres cercles la poſſibilité de pouvoir à la fin reconquerir, le pays de Liège par des forces majeures & étrangères, mais très onéreuſes à ce pauvre pays. Le Roi de Pruſſe met ſans doute un très grand prix à la confiance de l'Empire & n'omet non plus aucun moyen juſte & raiſonnable, pour la conſerver & pour l'augmenter même, mais l'Empire doit auſſi reconnoitre de ſon côté, qu'il a tout auſſi beſoin de la confiance de Sa Majeſté Pruſſienne, qu'il doit la ménager & non en abuſer par des demandes outrées, déplacées & trop intéreſſées, & il doit ſe ſouvenir des grandes obligations, qu'il a à la Pruſſe pour le paſſé & du beſoin qu'il en a encore pour le futur.

Le Compte de Hertzberg, qui ſe trouve perſonnellement interpellé & attaqué dans les écrits de la Cour de Bonn, peut aſſurer ſur ſon honneur, que toujours fidele à ſes principes d'une politique ouverte, juſte & patriotique, il a ſtrictement agi pendant ſon Mini-

Ministère dans l'affaire de Liège, d'après les principes énoncés dans les lettres du Roi, rédigées par lui même, & qu'il peut toujours justifier, que loin d'avoir encouragé les auteurs de la révolution Liègeoise & les Députés qui sont venus à Berlin & de leur avoir donné la moindre esperance d'un support quelconque du Roi, il a plutôt désapprouvé toutes leurs entreprises du commencement jusqu'à la fin, il les a exhorté à se ranger à leur devoir & aux circonstances, & il a cru observer & ménager en même tems les droits & les intérêts de l'Empire & ceux de l'Evêque & du peuple de Liège, en conseillant des mesures modérées & analogues aux circonstances du tems, mais en même tems justes & fermes, pour mener cette affaire compliquée de Liège à une fin heureuse, stable & supportable pour les deux parties par une exécution modérée & la négociation d'un accommodement juste & équitable, sous les auspices des trois Directeurs du cercle, & même sous la Direction de la Chambre Impériale de Wetzlar & de manière que, ou tous les différens entre l'Evêque & les Etats de Liège soient arrangés définitivement, ou que du moins par une composition intérimistique, la tranquillité & la constitution légale soit rétablie & que les deux parties conservent le droit & la possibilité, de pouvoir plaider & poursuivre leurs prétendus droits, devant le juge compétent, ce qui

man-

manque à present entièrement par le nouvel ordre de choses, que les deux Princes de Munster & de Juliers ont introduit dans l'Evêché de Liège à la faveur des armes Autrichiennes.

Que le public impartial juge, d'après cet exposé précis des faits & des évènemens, lequel des Directeurs du Cercle de Westphalie a agi d'une manière plus juste, plus impartiale & plus patriotique pour l'Evèché de Liège, le Duc de Cléves, ou les deux Princes de Munster & de Juliers.

Con-

*Convention conclue le 10. Décembre 1790 à la Haye entre le Comte de Mercy, Ministre Plénipotentiaire de l'Empereur, & les trois Ministres Plénipotentiaires de Prusse, d'Angleterre & de Hollande, pour la pacification des troubles des Païs-bas autrichiens *).*

Il est notoire, que dans les conventions signées à Reichenbach le 27. Juillet 1790. & ensuite duëment ratifiées entre S. M. le Roi de Hongrie & de Bohème, actuellement Empereur des Romains, LL. MM. le Roi de Prusse & le Roi de la Grande Bretagne, & LL. HH. PP. LL. EE. GG. des Provinces Unies, il a été arrêté, que la tranquillité, & le bon ordre feroient promptement rétablies dans les provinces Belgiques, & que les trois puissances alliées concourroient au rétablissement de la domination de S. M. A. dans ces provinces, moyennant l'assurance de leur ancienne constitution avec une amnistie plé-

nière

*) On a cru devoir ajouter ici encore la Convention suivante, comme ayant été conclue encore sous le Ministère du C. de H. en conséquence & en exécution du Traité de Reichenbach; mais il est à observer, que l'Empereur Léopold n'ayant voulu la ratifier, que sous certaines limitations, ses trois Puissances alliées n'ont pas voulu admettre ces restrictions, & ont retenu jusques là leur ratification.

nière & l'oubli parfait de ce qui s'eſt paſſé pendant les troubles, le tout ſous la garantie des dites trois puiſſances. Depuis ce tems les Miniſtres des Cours alliées, aſſemblés à la Haye, n'ont ceſſé d'après les inſtructions poſitives de leurs Souverains, & de concert avec le Plénipotentiaire Impérial, d'employer tous leurs efforts pour porter les provinces Belgiques à une entière ſoumiſſion ſous les conditions ſtipulées; laquelle ſoumiſſion ne s'eſt effectuée cependant qu'après que les troupes Impériales ont été employées pour s'en aſſurer. Ce ſalutaire ouvrage étant archevé, quant à ſon ſuccès; conformément aux vœux des puiſſances médiatrices, il ne reſtoit pour l'affermiſſement de l'autorité du légitime Souverain des provinces Belgiques, pour la ſureté de ces provinces mêmes, pour l'intérêt commun des puiſſances reſpectives, ainſi que pour reſſerrer entre Elles de plus en plus les liens de l'amitié & du bon voiſinage, que d'articuler les points ſuivants, dont leurs Miniſtres, en vertu de leurs pleins-pouvoirs joints en copie aux préſentes, ſont convenus d'un plein accord.

I.

S. M. Impériale en recevant de la manière uſitée l'hommage des provinces Belgiques, leur confirmera à toutes & à chacune, les conſtitutions, privilèges & coutumes légitimes, dont la jouiſſance leur a été aſſu-

assurée respectivement par les Actes d'Inauguration de l'Empereur Charles VI. & de l'Impératrice Marie Therèse de glorieuse mémoire.

II.

S. M. Impériale consent d'ensevelir dans un parfait oubli tous les excès & désordres commis dans le tems des troubles, & de les comprendre dans une amnistie générale qui sera incessamment publiée. Et quoique la Déclaration signée à Francfort le 14. Octobre 1790 ait limité cette amnistie à ceux, qui avant le 21. Novembre auroient posé les armes & cessé l'instigation contre l'autorité legitime, S. M. Impériale veut bien également étendre sa clémence à tous & un chacun, en se réservant seulement l'exception du très petit nombre d'individus, qui par leur propre faute se sont mis dans la malheureuse situation de ne pas mériter ce pardon général. Cette exception regardera aussi les personnes coupables de crimes & de délits qui n'ont point de rapport aux désordres dont l'insurrection a été accompagnée. Bien entendu, qu'en accordant cette amnistie, S. M. Impériale n'entend pas reconnoître ni confirmer ce qui peut s'être fait pendant les troubles contre les droits & hauteurs du pouvoir souverain.

III.

S. M. Imperiale ayant déclaré, lors des conférences de Reichenbach, sa disposition d'accorder aux provinces Belgiques quelques concessions ultérieurs, qui n'altèreroient pas essentiellement la constitution, dans le cas où leur soumission précederoit l'emploi de la force, a consenti néanmoins sur les instances des Cours médiatrices, malgré les circonstances qui l'ont déterminée à employer ces mesures extrèmes, d'accorder les mêmes concessions auxquelles elle s'étoit déjà engagée de son propre mouvement, pour prix d'une soumission volontaire, telles qu'elles sont contenues dans une lettre de son Plénipotentiaire aux Ministres Médiateurs, datée de la Haye du 29 Octobre 1790., & dont le contenu est exprimé dans les articles suivants:

1. Que pour satisfaire l'opinion sur plusieurs points de discipline en matière ecclésiastique, auxquels la Legislation des Pays-Bas a porté quelques changemens sous le dernier règne dans des vuës dont la pureté a été méconnue, S. M. Impériale veut bien revoquer toutes les ordonnances concernant les Séminaires, les processions & quelques autres pratiques de piété, les confèries &c. & remettre tous ces objets sous la direction immédiate des Evêques, avec tous les pouvoirs qu'ils exerçoient à la fin du règne

de

de S. M. l'Impératrice Marie Thérèse, ainsi qu'il a déjà été fait dans la province de Luxembourg, par un édit, qu'on publieroit dans les autres provinces, quoique la plupart des dispositions & ordonnances à revoquer n'ayent rien de contraire au sens le plus strict de la constitution des provinces respectives.

2. S. M. Impériale veut bien remettre toutes choses à l'égard de l'Université de Louvain sur le pied où elles étoient à la fin du règne de S. M. l'Impératrice, & nommément la réintegrer dans le droit de nomination, qu'elle exerçoit sur certains bénéfices ecclésiastiques en vertu d'un Indult du St. Siège Apostolique, réservant provisionnellement les bénéfices de la province de Luxembourg, jusqu'à ce qu'il puisse être pris à l'amiable des arrangemens à cet égard. Mais comme il a été reconnu dépuis longtems, que le sistème des études de la philosophie, du droit & de la Médecine, exigeoient une reforme aux Pays-Bas, & que l'un des premiers devoirs d'un souverain est de procurer à ses sujets la meilleure instruction possible, S. M. Impériale tiendra en sursis les ordonnances qui obligent à prendre des degrés à Louvain, & laissera sur ce liberté entière, jusqu'à ce qu'un nouveau sistème d'études ait pu être introduit dans la dite Université, par des arrangemens, sur lesquels elle se concertera avec les Etats.

3. Comme il feroit impoffible de rétablir tous les couvens, qui ont été fupprimés fous le dernier règne, & que ce rétabliffement préfenteroit plus d'un inconvenient, foit à l'égard des biens qui en formoient la dotation. S. M. Impériale promet, de n'employer ni deftiner les revenus de ces biens qu'à des ufages pieux les plus analogues que poffible aux intentions des fondateurs, & cela fur les propofitions qui lui feront faites par les Etats, avec lesquels elle s'entendra, ainfi qu'avec les municipalités refpectives, furtout ce qui concerne l'adminiftration des dits biens. S. M. Impériale promet de plus, de rétablir ou confirmer le rétabliffement des Abbayes fupprimées, qui avoient d'ancienneté le droit de députer leurs chefs aus Etats.

4. S. M. Impériale fe repofant fur le patriotisme & la valeur, qui de tous tems ont fait voler la Nation à la gloire & à la défenfe de la patrie, veut bien prendre l'engagement le plus pofitif, que jamais & en aucun tems il ne fera queftion de confcription militaire, ni directement ni indirectement, Elle promet auffi de ne jamais lever de milices ou recrues forcées, autrement que du confentement des Etats, au cas qu'il s'en agiffe.

5. Mettant également fa confiance dans l'amour de la Nation, & dans fes généreux efforts pour le fou-

ſoutien de la Monarchie, & ſe flattant qu'après les préſents troubles, Elle & ſes ſucceſſeurs, en éprouveront les mêmes marques que les Princes ſes prédéceſſeurs, & ſpecialement feue S. M. l'Impératrice Marie Therèſe en ont éprouvé en cent occaſions, S. M. Impériale s'engage à ne jamais lever aucun impot ſur le peuple, à quelque titre que ce puiſſe être, ſans l'aveu & le conſentement des Etats.

6. S. M. Impériale déclarera inamovibles tous les emplois de Juges des Conſeils ſupérieurs de Juſtice, & confirmera irrevocablement ce que les conſtitutions reſpectives & la jurisprudence de chaque Province ont établi ſur ce point.

7. Quoique le Diplome accordé par l'Empereur Charles VI. aux tribunaux ſupérieurs pour la préſentation d'un terne en cas de vacance de quelqu'une des places dans les dits corps reſpectifs, ne faſſe aucunement partie de la conſtitution & ait été jusqu'ici révocable à volonté, S. M. Impériale déférant aux voeux exprimés ci-devant par les Etats & par les Tribunaux, veut bien remettre irrévocablement ce diplome en vigueur & en faire un point conſtitutionnel.

8. Quoique dans les conſtitutions & privilèges de la pluspart des Provinces, il ne ſoit rien exprimé

touchant la faculté confultative des Etats & Tribunaux fur les loix à publier, S. M. Impériale fe propofe d'entendre & confulter les Etats & les Tribunaux refpectifs, toutes les fois qu'il s'agira de quelque loi nouvelle & générale, & S. M. fe propofe même d'entendre auffi les Etats fur les changemens effentiels qui pourroient être faits aux Tarifs fubfiftans pour les Douanes.

9. S. M. Impériale s'entendra encore avec les Etats fur les moyens de faire paffer par les voyes ordinaires de la législation, les ordonnances pénales en matière de Douanes & d'en attribuer la connoiffance à une Délégation du Tribunal fupérieur dans chaque province.

10. Comme il eft effentiel que l'on ait confiance dans les formes du Gouvernement, S. M. Impériale rétablira l'organifation du Gouvernement & de la Chambre des comptes, fur le pied qui fubfiftoit fous le règne de feue l'Impératrice-Reine, nommément en ce qui concerne les confeils d'Etat, privé & des Finances, fe réfervant néanmoins le droit inconteftable d'y faire les changemens que les circonftances pourroient rendre néceffaires; en quoi elle s'appliquera toujours à confulter le voeu public fans jamais s'écarter du rapport qu'il peut y avoir entre l'organifation du gouvernement & la conftitution.

11. Le

11. Le Commandant Général des trouppes & le Miniſtre plénipotentiaire feront remis reſpectivement ſous les ordres & la dépendance des Gouverneurs Généraux. Les Gouverneurs Militaires en Brabant prêteront le ſerment accoutumé entre les mains des Gouverneurs Généraux, & S. M. Imperiale, eſpérant que lorsque les troubles actuels ſeront appaiſés, il n'exiſtera plus aucun prétexte qui puiſſe en faire renaitre de nouveaux, ſeul & unique cas, où l'emploi des forces militaires envers & contre tous devient indiſpenſable pour le maintien de l'ordre public & l'exécution des lois, elle veut bien établir comme règle immuable, que du moment où tout ſera rentré dans un ordre & un calme parfait, le militaire ne ſera jamais employé contre les citoyens, que pour ſoutenir les decrets du Juge & à la réquiſition des Tribunaux & des Magiſtrats.

12. L'adminiſtration de la juſtice civile & criminelle étant un des objets qui intéreſſe le plus eſſentiellement le droit ſacré des peuples à la liberté & à la proprieté légales, & S. M. Impériale ſe propoſant d'établir plus que jamais entre Elle & les repréſentans du peuple un concert parfait ſur tout ce qui pourra tendre à la proſpérité & à la ſureté publique, Elle promet d'entendre les Etats ſur les changemens ou réformes qu'il pourroit y avoir à faire relativement

ment aux règles & formes établies pour l'administration de la justice, & Elle s'engage à ne rien altérer à l'ordre des jurisdiction sans concert avec les Etats & sans leur aveu préalable.

13. Comme il est impossible de déterminer toujours un sens tellement clair à la lettre des stipulations constitutionnelles, que par la suite des temps & des circonstances, il ne se présente jamais de cas douteux, sujets à des interprétations difficiles, & que jusqu'ici il n'a pas été assés prévu ni reglé, quel devroit être en pareil cas la voye decisive à l'amiable pour prévenir toute aigreur entre le Prince & ses peuples, S. M. Impériale promet, que dans tous les cas où il y auroit des doutes ou des difficultés sur l'esprit ou le sens de quelque article de constitution de l'une ou de l'autre Province, il sera nommé des Commissaires par S. M. Impériale & que les Etats de la Province, que la difficulté concernera, en nommeront de leur côté pour s'expliquer & s'etendre ensemble s'il est possible; qu'il sera rendu compte à S. M. Impériale elle même du résultat de ces conférences, & que dans le cas où les difficultés ne pourroient pas être applanies par la voye des Commissaires, S. M. Impériale d'un côté & les Etats de l'autre nommeront en nombre égal quelques personnes impartiales dispensées en forme à cet effet de

tout

tout ferment obftatif, & que S. M. ainfi que les Etats s'en remettront à la décifion de ces arbitres.

IV.

LL. M. M. Les Rois de Pruffe & de la Grande Bretagne, & L. H. P. L. EE. GG. des provinces unies garantiront de la manière la plus folemnelle à S. M. Impériale & fes auguftes héritiers & fucceffeurs la fouveraineté des provinces Belgiques, maintenant réunies fous fa domination, pour ne compofer qu'un feul indivifible, inaliénable, & incommutable domaine, qui fera inféparable des Etats de la maifon d'Autriche en Allemagne, & gouverné felon les conftitutions, privilèges & coutumes légitimes, exprimé dans les Articles I. & III. ci-deffus; comme les puiffances fusmentionnées garantiront également la confervation & pleine jouiffance des conftitutions, privilèges, & coutumes légitimes exprimés dans ces mêmes Articles.

V.

Les ratifications de la préfente convention expédiées en bonne & duë forme feront échangées entre

entre les hautes parties contractantes dans l'espace de deux mois, ou plutôt si faire se peut à compter du jour de la signature.

En foi de quoi Nous soussignés Ministres plénipotentiaires avons signé la présente convention & y avons opposé les cachets de nos Armes.

Fait à la Haye le dix Décembre Mille-sept-cent quatrevingt-dix.

Le C. de Mercy. (L. S.)
Le C. de Keller. (L. S.)
Auckland (L. S.)

van de Spiegel. (L. S.)

Table des matières & des pièces contenues dans ce troisième Volume.

1) Traité d'Alliance entre la Prusse & la Pologne conclu à Varsovie le 29. de Mars 1790. pag. 1

2) Lettre du Roi de Pologne au Roi de Prusse du 17. Mars 1790. 12

3) Lettre du Roi de Prusse au Roi de Pologne du 11. d'Avril 1790. 15

4) Projet d'un traité de commerce entre la Prusse & la Pologne. 26

5) Lettre de félicitation & de créance au nouveau Sultan Selim pour l'Envoyé Prussien de Dietz du 26. Mai 1789. 36

6) Lettre de félicitation italienne au Sultan Selim au nom du Roi envoyée par le Colonel de Goetz du 26. de Mai 1789. 40

7) Traité d'alliance entre la Prusse & la Porte Ottomanne conclu à Constantinople le 31. Janvier 1790. 44

8) Ratification turque de ce traité. 52

9) Correspondance des Rois de Prusse & d'Hongrie sur la guerre entre les deux Cours Impériales & la Porte Ottomanne. 61 — 94

Pièces & Mémoires de la négociation de Reichenbach.

10) Points préliminaires exhibés dans les Conférences de Reichenbach par le plénipotentiaire Prussien le Compte de Hertzberg le 29. Juin 1790. 97

11) Note exhibée par le même Ministre le 15. Juillet. 107

12) Déclaration des deux plénipotentiaires Autrichiens le Prince Reuss & le Baron de Spielmann du 27. Juillet 1790. 113

13)

13) Contre-Déclaration du Plénipotentiaire Pruſſien du 27. Juillet. pag. 117

14) Ratification du Roi d'Hongrie & de Bohème ſur ces deux Déclarations. 121

15) Déclaration du Miniſtre Pruſſien touchant les Pays-Bas Autrichiens du 27. Juillet 1790. 122

16) Ratification du Roi de Pruſſe de toute la Convention de Reichenbach du 5. Août 1790 127

17) Acte de garantie des Miniſtres des Puiſſances maritimes du 27. Juillet 1790. 128

18) Acte d'armiſtice entre le Roi d'Hongrie & la Porte-Ottomanne, ſigné ſous la médiation du Miniſtre Pruſſien le Comte de Luſi à Giurgewo le 19. Septembre 1790. 131

19) Correſpondance du Roi de Pruſſe avec l'Evêque de Liège, & Memoires du Miniſtère Pruſſien ſur la révolution de Liège en 1788 — 1791. 142—222

20) Convention conclue le 10. de Decembre 1790. à la Haye entre le Comte de Mercy, Miniſtre Plénipotentiaire de l'Empereur, & les trois Miniſtres plénipotentiaires de Pruſſe, d'Angleterre, & de Hollande, pour la pacification des troubles des Pays-bas Autrichiens. 223

www.ingramcontent.com/pod-product-compliance
Ingram Content Group UK Ltd.
Pitfield, Milton Keynes, MK11 3LW, UK
UKHW021130260726
13994UKWH00001B/74